GERALD DREWS

Ach du lieber Himmel!

Die besten frommen Witze

REGIONALIA
VERLAG

Bildnachweis:
Seite 1: Magdeburg, Dom, Drei der fünf klugen Jungfrauen zeigen ihre freude (wikimedia commons, Andreas Praefcke)
Seite 3: Bamberg, Dom St. Peter und St. Georg, Fürstenportal: Tympanon „Das jüngste Gericht" (wikimedia commons, Chris 73 Talk)
Seite 127: Schmuckschild Regionalia Verlag, Motiv: Eduard Grützner, Benediktinermönch mit Wein beim Frühschoppen

Gerald Drews: Ach du lieber Himmel! Die besten frommen Witze
Copyright © Regionalia Verlag GmbH, Rheinbach
Alle Rechte vorbehalten

Layout und Satz: Manuela Wirtz, www.manuwirtz.de
Einbandgestaltung: Beata Salanowski für agilmedien, Niederkassel

Printed in Hungary
ISBN 978-3-95540-265-5

www.regionalia-verlag.de

INHALT

VORWORT

Liebe Leserin, lieber Leser,

wir alle wissen: Lachen ist gesund. Manch einer mag sich nun fragen, warum denn dann in der Kirche so selten gelacht wird. Zwar ist in der Bibel durchaus jede Menge von Freude die Rede, doch Humor kommt im Buch der Bücher nicht wirklich vor. Auch die großen Schriften anderer Religionen sind eher von tiefem Ernst als von Schenkel klopfendem Witz geprägt. Denken wir auch an den berühmten Roman „Im Namen der Rose". Da versuchen unter anderem fanatische Mönche ein Buch des großen Philosophen Aristoteles über die Komödie und das Lachen unter Einsatz ihres eigenen Lebens aufzufinden und zu vernichten. Begründung: Lachen tötet die Furcht. Und wo keine Furcht, da kein Glauben. Na ja …

Aber drehen wir den Spieß ganz einfach mal um: Hätte uns Gott das Lachen geschenkt, wenn wir es nicht benutzen sollen? Schon Paulus schrieb an die Kolosser: „Eure Worte seien immer freundlich, doch mit Salz gewürzt" (Kol 4,6). Und von Martin Luther ist der Satz überliefert: „Wenn Gott keinen Spaß verstünde, möchte ich nicht im Himmel sein."

Doch auch wenn sich Kirchen und der ein oder andere Gläubige mit dem Thema „Humor" manchmal etwas schwertun, so kann doch keiner verleugnen, dass das irdische Bodenpersonal jede Menge Stoff für Witze bietet. Auch wenn einem ab und zu dabei das Lachen im Halse steckenbleiben möchte.

Deshalb ist dieses Büchlein entstanden: Um einen nicht ganz ernst zu nehmenden Blick auf die Geschöpfe und das Personal Gottes zu werfen. Ganz nach dem Motto: Irren ist menschlich. Lachen ist göttlich.

In diesem Sinne: Amüsieren Sie sich gut auf den folgenden Seiten voller Witze und Anekdoten. Dass das Buch zehn Kapitel hat – so viele, wie es Gebote gibt – ist übrigens reiner Zufall. Oder?

Ihr Gerald Drews

Kapitel eins:
Da kichert der Klerus

Der Vorsitzende des Gemeinderats begrüßt den neuen Pfarrer:
„Sagen Sie, Hochwürden. Kann es sein, dass ich Ihr Gesicht
schon einmal woanders gesehen habe?"
Darauf der Pfarrer amüsiert: „Nein, ich denke nicht. Ich trage
es immer an der gleichen Stelle."

Ein Gespräch über wirkliche Nächstenliebe:
„Wenn du zwei große Villen hättest, würdest du mir dann eine
davon geben?"
„Keine Frage, selbstverständlich!"
„Wenn du zwei Luxusschlitten hättest, würdest du mir dann
einen davon geben?"
„Was fragst du, na klar!"
„Wenn du zwei Anzüge hättest, würdest du mir dann einen
davon geben?"
„Nein, das, ähem, das würde ich nicht tun!"
„Aber warum denn nicht, du hast doch zwei Anzüge?"
„Richtig! Ich habe zwei Anzüge!"

Markus, der nie so recht an die christliche Lehre glauben
konnte, studiert zurzeit Philosophie in Göttingen. Wenn er das
Wochenende zu Hause bei seinen Eltern in einem kleinen Ort
im Harz verbringt, trifft er manchmal auf den Pfarrer.

Heute ist es wieder einmal so weit und er fragt den Geistlichen, den er schon von Kindesbeinen an kennt: „Wissen Sie eigentlich, dass Jesus Student war?"

„Wieso denn das?", wundert sich Hochwürden.

„Ganz einfach: Er hatte lange Haare, wohnte bis zu seinem 30. Lebensjahr bei seiner Mutter und wenn er was gearbeitet hat, dann war es ein Wunder!"

Auf einer ausgedehnten Rundreise durch das Heilige Land kommen einige Touristen auch an den See Genezareth. Sie beschließen, sich mit einem Boot ans andere Ufer befördern zu lassen, um die Landschaft in ihrer ganzen Schönheit zu genießen. Der Fährmann fordert zehn US-Dollar pro Mann und Nase. Als sich die Touristen über den Wucherpreis beschweren, erklärt der Fährmann: Meine Herren, bedenken Sie bitte, Jesus ist zu Fuß über das Wasser gewandelt!"

Darauf ein Tourist: „Kein Wunder, bei den Preisen!"

Über die sagenhaften Erfolge eines wundertätigen Mannes kursieren die tollsten Berichte. Da sucht ein Invalide, dem ein Bein fehlt und der sich schon Jahrzehnte lang auf Krücken durch die Welt bewegt, den Wundertäter auf, damit dieser ihm sein Bein ersetze.

Der aber spricht: „Ich helfe dir gerne und verschaffe dir ein weiteres gesundes Bein. Bedenke aber, dass auch dein fehlendes Bein, das du einst verloren hast, am Jüngsten Tage aufersteht. Dann besitzt du drei Beine und musst dich wieder plagen. Möchtest du deshalb nicht lieber hier auf Erden auf ein Bein verzichten, im Jenseits aber froh auf zwei gesunden Beinen wandeln?"

Der Invalide ist einverstanden.

Der Bichler-Bauer, ein gläubiger Mann aus dem tiefsten Oberbayern, aber auch ein rechtes Schlitzohr, hat sich vor einigen Jahren auf Wallfahrt nach Lourdes begeben und steht jetzt mit seinem Kleinwagen an der Grenze bei Salzburg. Der Beamte will nun wissen, ob der Bichler etwas zu verzollen habe. Der kratzt sich an der Stirne und meint: „Na, nix, Herr Wachtmeister …"

Der Zöllner will trotzdem einen Blick in den Kofferraum werfen, und der Bichler lässt es schließlich mit langem Gesicht geschehen. Auf Anhieb fällt eine große Kiste voll Flaschen auf, die unter einigen Decken im Kofferraum liegt. Der Zollbeamte fragt: „Und was ist das?"

Der Bichler schwitzt, bleibt aber ruhig und antwortet: „Aaaach deeees??? Wissen's, Herr Oberwachtmeister. Des san bloß 30 Flaschen mit Lourdes-Wasser, Sie wissen scho, des heilige Wasser, mit dem man alle möglichen Krankheiten heilen kann!"

Der Zöllner greift eine Flasche heraus, öffnet den Stöpsel, setzt die Flasche an den Mund, trinkt, spuckt aus und brüllt: „Von wegen Wasser! Des is ja Schnaps!"

Der Bichler, wie aus der Pistole geschossen: „Mei, Herr Wachtmeister, oh Jessas! Scho wieda a Wunder!!!"

Ein Medizinmann aus dem afrikanischen Regenwald darf einen britischen Missionar bei dessen Heimreise im Flugzeug begleiten. Als er wieder aus England in den Regenwald zurückkehrt, erzählt er begeistert: „Stellt euch vor: Zweiundzwanzig Männer auf einer großen Wiese treten nach einer Lederkugel, und tatsächlich – zwanzig Minuten später regnet es!"

Der alte Rohrmoser will nicht jeden Sonntag in die Kirche, so wie es seine Frau Resi gerne sehen würde. Trotzdem liebt er den Sonntag, weil Resi da besonders gut kocht. Am heutigen Sonntag hat er wieder einmal den Gottesdienst geschwänzt und wartet, bis seine Frau von der Kirche zurückkehrt. Die indes sitzt noch im Gestühl, das Gebetbuch auf den Knien.
Als der Pfarrer nach der Messe durch die Reihen geht, sieht er etwas auf ihrem Gebetbuch liegen. Verwundert fragt er: „Ja Rohrmoserin, das ist ja ein Gebiss. Das hat Sie wohl beim Beten gestört, oder?"
Die Resi antwortet mit breitestem Lächeln: „Ach was, Herr Pfarrer! Das ist das Gebiss von meinem Mann. Der futtert mir sonst den ganzen Sonntagsbraten weg, bis ich daheim bin!"

Ein Knirps geht mit seinem Großvater zum ersten Mal in seinem Leben zur Messe. Er beobachtet, dass der Priester nach der heiligen Kommunion den Kelch mit dem Kelchtuch abtrocknet.
Da sagt der Junge laut: „Wahnsinn! Immer das blöde Abtrocknen! Sogar in der Kirche!"

Vor einer italienischen Kirche hat der Pfarrer ein Schild angebracht:
„Liebe Touristen! In der Kirche besteht keine Möglichkeit zum Schwimmen! Der Eintritt in Strandkleidung oder Bikini ist daher zwecklos!"

Außer Rand und Band springt ein Mann im Ortszentrum von Altötting umher und fuchtelt mit den Armen. Er schreit aus Leibeskräften, die Adern treten ihm auf die Stirn: „Jetzt kann ich wieder laufen, jetzt kann ich wieder laufen!"
Einige Passanten bleiben überrascht stehen und fragen: „Was ist denn geschehen, Mann? Ein neues Wunder?"
„Nein, mein Rad ist mir geklaut worden!"

In der Lokalzeitung steht der folgende Satz: „Und dann erzählte der Bischof Geschichten, die nicht wiedergegeben werden können."
Wie kam's? Der Geistliche hatte nacheinander verschiedene Gemeinden besucht und erzählte bei zahlreichen aufgeschlossen von Begebenheiten aus seinem Leben und aus seiner beruflichen Tätigkeit. Da er aber auch an anderer Stelle noch dieselben Anekdoten zum Besten geben wollte, verbat er sich eine zu ausführliche Berichterstattung.

Sagt der Pfarrer im Ruhrgebiet zum Küster: „Keine Menschenseele in der Kirche, nicht mal der Organist. Wer spielt denn da?"
Sagt der Küster: „Schalke gegen Dortmund!"

Gegendarstellung: Tauberbischofsheim ist keine Seniorenresidenz für schwerhörige Bischöfe und Bischofsgrün hat nichts mit Politik zu tun.

Bei einem Gemeindefest kommt der dicke Bischof zu Besuch und will den zaundürren Pfarrer aufziehen.

„Wenn ich Sie so sehe, dann könnte man glatt meinen, dass eine Hungersnot ausgebrochen ist."

Der Pfarrer entgegnet: „Und wenn man Sie sieht, könnte man meinen, dass Sie schuld daran sind."

Der Bischof kommt zur Visitation der Pfarrei eines Landgeistlichen und begutachtet auch dessen Schlafgemach. Da sieht er, dass Hochwürden in einem großen Doppelbett schläft, dessen beide Hälften in der Mitte von einem etwa 40 Zentimeter hohen Holzbrett geteilt werden. „Was hat es denn damit auf sich?", fragt er stirnrunzelnd.

„Ach, wissen Sie, Herr Bischof", antwortet der Pfarrer, „das ist einfach so, dass links vom Brett meine Haushälterin schläft und rechts davon, da schlafe ich."

Der Bischof lässt nicht locker: „Das ist ja gut und schön. Was aber machen Sie, wenn die Versuchung über Sie kommt?"

„Na ja, dann nehmen wir das Brett halt weg", meint der Pfarrer.

Der Bischof predigt. Da unterbricht ihn ein Zweifler: „Glauben Sie im Ernst, dass Jonas von einem Walfisch gefressen wurde? Ich meine – so richtig im Ernst?"

„Falls ich in den Himmel komme, werde ich ihn fragen", antwortet der Bischof und runzelt die Stirne.
„Und wenn er nicht dort ist?", setzt der Zweifler nach.
„Oh Gott, guter Mann", konterte der Bischof, „dann müssen Sie ihn fragen."

Ein großes Schiff sinkt in einem schrecklichen Sturm. Menschen sind von der Reling ins Wasser gesprungen und kämpfen in den Wellen um ihr Leben. Ein Mann taucht aus der Flut, wirft die Arme hoch und schreit: „Gott, rette mich!"
Da ruft ihm ein anderer zu: „Du musst auch schwimmen, damit er dich retten kann!"

Der Gemeinderat beschwert sich beim Pfarrer: „Das ist doch nicht möglich! Immer, wenn wir mal vom Bischof etwas wollen oder brauchen, ist er unabkömmlich. Es heißt immer nur: ‚Der Herr Bischof studiert'. Vielleicht wäre es auch einmal möglich, dass wir einen fertigen Bischof bekämen?"

Nachdem Gott die Welt erschaffen hat, legt er einen Ruhetag ein. Dann erschafft er die Schweiz: Ein Land voller Berge und Gletscher, hohen Almen, saftigen grünen Wiesen und tiefen Seen. Schließlich stellt er einen Schweizer in die schöne Landschaft.
Gott fragt ihn großzügig: „Was wünschst du dir noch zu diesem Land?"

Der Schweizer ziert sich nicht und antwortet: „Ich wünsche mir Kühe auf den Almen und Wiesen, gesundes und prächtiges Fleckvieh mit großen goldenen Glocken um den Hals!"
Gott erfüllt ihm den Wunsch, und der Schweizer geht zu einer Kuh, melkt sie und reicht dem Schöpfer ein Glas Milch. Gott dankt, trinkt die Milch und fragt: „Wünschst du noch etwas?"
Der Schweizer sagt: „Ja, fünf Fränkli für die Milch. Sie ist köstlich, odrr?"

Die Enkel versuchen, ihren gut betuchten Großvater, der sein ganzes Leben lang als Richter gearbeitet hatte, zu einer Reise nach Amerika zu bewegen. Der alte Herr lehnt ab: „Vor Gericht, auf dem Schiff und im Flugzeug ist man ein wenig zu sehr in der Hand Gottes."

„Woran ist der Kardinal denn gestorben", fragt die alte Dame flüsternd ihre Nachbarin in der Kirchenbank.
„Oh je. Er hat's so schwer gehabt", gibt die zurück. „Er ist verdurstet."
„Um Gottes Willen! Wie konnte denn das geschehen?"
„Tja, er hatte halt niemand, der ihm das Wasser reichen konnte."

Ein Kaplan möchte sich ein neues Auto zulegen. Da sagt der Pfarrer zu ihm: „Kaufen Sie sich einen Wagen mit mindestens 200 PS. Heute müssen Sie Ihre Schäfchen einholen!"

Ein Kardinal feiert seinen 60. Geburtstag. Ein Amtsbruder vertraut ihm nach den ausgiebigen offiziellen Feierlichkeiten an: „Nichts erträgt man so leicht wie Lob und Schmeichelei!"

Ein Bischof hat einen klugen, aber etwas vorwitzigen Fahrer. Als der Chauffeur seinen Chef wieder einmal zu einem der zahllosen Empfänge zu fahren hat, die der hohe Kirchenmann Tag ein Tag aus zu absolvieren hat, sagt er: „Herr Bischof, nun habe ich Sie schon so oft diese belanglosen Grußworte aus austauschbaren Reden vortragen hören. Ich könnte das bestimmt genau so gut wie Sie."
Der Bischof ist amüsiert und sagt: „Weshalb nicht? Heute fahren wir zu einer Gesellschaft, wo mich kaum jemand genau kennt. Lassen Sie uns doch die Kleider tauschen und Sie halten die Rede."
Gesagt, getan. Des Bischofs Chauffeur hält eine glänzende Ansprache, doch als er fertig ist, kommt einer der Gäste auf ihn zu und bittet ihn um Rat in einer diffizilen theologischen Frage. Der verkleidete Chauffeur erschrickt, antwortet aber ruhig: „Ich bin überrascht, dass Sie mich mit einer derartigen Bagatelle belästigen. Die Antwort auf diese simple Frage weiß sogar mein Fahrer. Dort hinten steht er und ich lasse ihn rufen, damit Sie sich selbst überzeugen können."

Der beflissene Sekretär eines Kardinals begrüßt seinen Vorgesetzten eines Morgens mit „Guten Morgen, Eure Eminenz. Wünschen wohl geruht zu haben, Herr Marginal."

Darauf rüffelt der Kardinal unwirsch: „So ein Unsinn! Ich bin Kardinal und nicht Marginal!"

„Verzeihung, Euer Eminenz. Ich meinte doch nur, weil Sie gestern in der Niederschrift der Predigt Marginalfehler begangen hatten!"

In einer Kleinstadt kommt der Kardinal des Bistums zu Besuch. In der Garderobe vom Sitzungssaal des Rathauses hat man es sich nicht nehmen lassen, einen goldenen Kleiderhaken für den Mantel des hohen Herrn anzubringen. Um sicherzugehen, dass der Kleiderhaken auch nicht von anderen benützt wird, hatte man ein Schild anfertigen lassen, auf dem stand: „Nur für Kardinäle".

Ein Spaßvogel hatte bald darauf mit einem dicken Filsstift daruntergeschrieben: „Man kann aber auch Mäntel daran aufhängen."

Zwei süddeutsche evangelische Pfarrer treffen sich zum Mittagessen. Sie unterhalten sich über ihre Kinder und bleiben bei den halbwüchsigen Töchtern hängen. Da erklärt der eine: „Meine Tochter erzählt mir halt gar nix mehr. Das macht mich völlig fertig!"

Darauf der andere: „Sei froh! Meine erzählt mir alles. Da bist du erst fertig!"

Ein Religionslehrer steht Mitte des vergangenen Jahrhunderts vor seiner Klasse und sagt:

„Kinder sind Geschenke Gottes."
Da fragt einer aus der hinteren Bankreihe: „Und warum schlägt man Geschenke Gottes?"

Eine jüdische Synagoge ist am Versöhnungstag meistens über-füllt. Deshalb müssen die Gläubigen Eintrittsgeld entrichten. Vor der Tür steht der Kantor und achtet streng darauf, dass keiner ohne Ticket ins Innere gelangt. Da stürzt Silberstein auf ihn zu und ruft: „Lassen Sie mich für einen Moment so herein. Ich muss bloß meinem Freund Grün etwas sehr Wich-tiges mitteilen."
Der Kantor schaut ihn an und liest ihm die Absicht vom Ge-sicht ab: „Dieb! Du willst beten!"

Die Sanierung der Kirche ist dringend erforderlich. Das Dach ist undicht, die Türe schließt nicht mehr richtig, der Putz brö-ckelt. Der Architekt, der als modern gilt, legt den Kirchenräten seine Baupläne vor.
„Wir sind dagegen", erklären die Ältesten.
„Warum sind Sie denn dagegen?", fragt der Architekt erstaunt.
„Wir sind dagegen, dazu brauchen wir keinen Grund", lautet die Antwort.

Nach der Messe geht der Pfarrer zum Essen ins Gasthaus.
Der Wirt fragt: „Na Hochwürden, wie war heute der Kirchen-besuch? „
„Heute war's schwach. Es kam kein Mensch."

„Und letzten Sonntag?"
„Ach, da war es noch ein wenig schwächer."

Drei Frauen beklagen den Rückgang des Kirchenbesuchs.
„Während der größten Festgottesdienste ist unsere Kirche nur
noch zu einem Drittel gefüllt", erzählt die eine.
„Sei doch froh! Bei uns sind es häufig nur noch neun oder
zehn Besucher!"
Die dritte Frau macht eine wegwerfende Handbewegung und
sagt: „Da könnt ihr doch noch sehr zufrieden sein! Immer
wenn der Pfarrer sagt: ‚Geliebte Gemeinde', werde ich rot!"

Maria und Josef stehen in Bethlehem vor einer Herberge und
bitten um Quartier.
Der Wirt: „Wir haben augenblicklich kein Zimmer mehr frei."
Josef: „Seht Ihr denn nicht, dass mein Weib schwanger ist?"
Darauf der Wirt: „Dafür kann ich doch nichts."
Josef: „Ich vielleicht?"

Zur Silbernen Hochzeit bestellt sich ein gläubiger Franke aus
Nürnberg bei seinem Kirchenchor eine lateinische Messe von
Mozart.
Der Dirigent fragt: „A-Moll oder c-Moll?"
Antwortet der Franke: „Na, amol reicht, zehnmol wär a weng
viel für a Mess!"

Der Sepp und sein Sohn beschließen eines Tages, auf den Chiemsee zum Fischen hinauszufahren. Angelruten und Netze werden ins Boot geworfen und los geht's. Mitten auf dem See überrascht die beiden ein Gewittersturm. Der Sepp betet: „Heilige Vierzehn Nothelfer, wann uns nix passiert, kauf ich dir a große Kerzen."
Alles nützt nichts, das Gewitter wird noch stärker.
„A Mess lesen lass i aa no!", schreit Sepp.
Da! Ein Blitz schlägt neben dem Boot ein.
„A Wallfahrt nach Altötting leg i no zua!"
Da mischt sich sein Bub ein:
„Geh, Vater, bist narrisch? Dees kost' a Vermögen!"
Darauf brummt der Sepp:
„Wart's nur ab, bis ma g'sund drüben san. Da werden's scho' sehn, was s' kriegen."

Der Messner entdeckt Schlittschuhe in der Sakristei.
„Wem gehören die?", fragt er streng die Ministranten.
Kläuschen verlegen: „Oh, wahrscheinlich den Eisheiligen!"

Der Dorfpfarrer sucht einen neuen Messner. Niemand findet sich. Da bewirbt sich – eine Frau! Widerstrebend beraumt er ein Vorstellungsgespräch an und fragt sie nach ihrem Namen.
„Marianne", sagt sie.
„Gute Frau! Ich gehöre nicht zu den Leuten, die sofort mit anderen Menschen auf Du sind, merken Sie sich das! Wie heißen Sie also mit Nachnamen?", fragt der Pfarrer.
„Schatz."

Darauf der Pfarrer: „Ähem, gut … Marianne. Sie haben den Job!"

Im Wilden Westen will sich ein Wanderprediger ein gutes Pferd kaufen, um die Wilden zu missionieren. Er geht zu einem Pferdehändler und schildert ihm seinen Fall. Da meint der Verkäufer: „Ich habe hier ein Pferd – wie für Sie geschaffen. Sie müssen sich jedoch spezielle Kommandos merken, auf die es vom Vorbesitzer trainiert worden ist. Also: Auf das Kommando ‚Gott sei Dank' läuft es los, bei ‚Amen' bleibt es wieder stehen." Der Prediger ist begeistert und macht gleich einen Proberitt: Er ruft „Gott sei Dank!" und das Pferd läuft los. Es geht aus der Stadt hinaus und holterdiepolter über die Prärie. Alles geht bestens, bis das Pferd genau auf eine Schlucht zugaloppiert. Vor Aufregung fällt dem Priester das Stopp-Kommando nicht mehr ein. Er zerrt an den Zügeln, lehnt sich zurück, spricht beruhigend auf das Tier ein, doch nichts hilft. In letzter Verzweiflung fängt er an zu beten: „Vater unser im Himmel, Dein Wille geschehe … – Amen."
Da hält das Pferd endlich in seinem wilden Galopp an. Gerade noch rechtzeitig vor dem gähnenden Abgrund. Beide, Pferd und Reiter, sind nass von Schweiß. Der Prediger: „Gott sei Dank!"

Eine neue Kirche in Afrika soll geweiht werden. Die Einrichtung des Gotteshauses ist jedoch noch nicht vollständig und man muss sich mit improvisierten Möbeln behelfen. So dient beispielsweise eine Obstkiste als Bischofsstuhl, die mit einer

Decke verhüllt wird. Aber mit der Stabilität des „Möbels" ist es nicht weit her, und während der Zeremonie kracht die Kiste zusammen. Der Bischof stürzt zu Boden! Doch keiner lacht. Nach dem Gottesdienst will sich der Pfarrer der neuen Kirche bei seinem Vorgesetzten wortreich entschuldigen. Der unverletzte Bischof aber winkt gütig ab:

„Es ist schon in Ordnung. Ich muss sogar sagen, die Selbstbeherrschung Ihrer Gemeinde angesichts des kleinen Malheurs hat mich sehr beeindruckt."

„Ach", erklärt der Pfarrer verlegen, „die Leute glaubten vermutlich, das sei ein Teil der Liturgie."

Der Pfarrer klingelt an der Haustür. Ein tiefer Bass tönt aus der Sprechanlage: „Bist du's, Engelchen?"
Der Pfarrer lächelt: „Nicht direkt. Ich gehöre nur zum Management."

Der Kaplan liebt Kirchenmusik und gibt sich äußerst kenntnisreich: „Viele gute und bekannte Komponisten in der Geschichte dieser großen Kunst haben hervorragende kirchenmusikalische Stücke geschrieben. Da nenne ich Ihnen nur einmal drei: Johann Sebastian Bach".

Der Dorfpfarrer ist sehr verärgert: „Ein gottloses Volk lebt hier in diesem Dorf", schimpft der Gottesmann bei der Predigt. „Ich mühe mich und mühe mich, um die Leute zu bekehren. Was aber machen die? Die Hälfte der Gemeinde sitzt im Wirtshaus und futtert einem die frischen Weißwürste weg!"

Der Pfarrer schließt seine Predigt mit den Worten: „Und so hält der liebe Gott immer seine Hand über uns!" Da murmelte ein gläubiger Zirkusdirektor in der Kirche: „Nur beim Seiltänzer muss er sie darunter halten ...“

Die Rheinländer sind bekannt dafür, dass sie Feste richtig feiern können, besonders Hochzeiten. So kam es, dass ein Pfarrer und sein Kaplan auf einer Hochzeit zu viel vom guten Wein angeboten bekamen und nach der Feier im Straßengraben landeten. Nach einiger Zeit lallt der Kaplan: „Hochwürden, glauben Sie an die Auferstehung?"
„Für die nächsten drei Stunden bestimmt nicht", röchelt der Gefragte.

Ein Mann nach dem Gottesdienst zum Pfarrer:
„Herr Pfarrer, Sie haben gerade so schön vom Himmel gepredigt. Kann man im Himmel auch Fußball spielen?"
Der Gefragte antwortet: „Das kann ich so einfach nicht beantworten. Ich werde meinen Vorgesetzten fragen."
Am Sonntag darauf antwortet der Pfarrer dem Mann:
„Jawohl, es wird im Himmel Fußball gespielt und Sie gehören beim nächsten Spiel schon zur Heimmannschaft ...“

Zwei Pfarrer treffen sich, und der eine klagt: „Das sind richtig schlechte Zeiten – keine Hochzeiten, keine Bestattungen mehr ...“
„Stimmt“, meint der andere, „wenn man nicht ab und zu unter die Leute ginge, gäbe es auch keine Taufen mehr ...“

Ein zum Tode Verurteilter wird vom Pfarrer zum Galgen begleitet. Es regnet in Strömen, der Todgeweihte murmelt:
„So ein Sauwetter, Hochwürden ...“
Pfarrer: „Seien Sie bloß still, Sie haben's gut, Sie müssen nur hin – ich muss auch wieder zurück ...“

Der Dorfpfarrer setzt sich zu Tisch und beginnt zu essen, ohne sein übliches Tischgebet gesprochen zu haben. Seine Haushälterin schaut ihn entsetzt an und moniert es.
Darauf meint er nur: „Über allem, was sich auf diesem Tisch befindet, wurde schon mindestens dreimal der Segen gesprochen!“

Einem alten Dorfpfarrer werden aus seinem Obstgarten ständig die schönsten Früchte gestohlen. Zur Abschreckung stellt er ein Schild mit den Worten auf: „Gott sieht alles!“
Am nächsten Morgen, als er einen Spaziergang zu seinem Garten macht, entdeckt er, dass jemand etwas daruntergeschrieben hat: „Aber er petzt nicht!“

25

Der Religionslehrer hält eine kurze mündliche Prüfung über den Lernstoff ab. „Kinder, nennt mir mal die sichtbaren Sakramente beim Abendmahl!"
„Brot und Wein", antwortet Fritzchen.
„Und was sind die sichtbaren Zeichen bei der Taufe?"
Hannelore: „Kaffee und Kuchen!"

Der Pfarrer kommt auf den Huber-Hof, um eine Haustaufe vorzunehmen. Er bittet die Bäuerin um eine Schale Wasser. Die bringt es und sagt: „Gehns aber bittschö recht sparsam damit um, gell. I brauch den Rest noch für'n Schlagrahm!"

„Wie soll das Kind denn heißen?", fragt der Pfarrer bei der Taufe.
„Georg Friedrich Markus Thomas Ralph Bernhard", antwortet der Vater.
Der Pfarrer flüstert dem Mesner zu: „Mehr Wasser, bitte!"

Zwei katholische Pfarrer beklagen sich über ihr kärgliches Salär. Sagt der eine: „Ich bin schon zwanzig Jahre lang Pfarrer und verdiene immer noch so viel wie am Anfang. Gerade mal 20 000 Euro im Jahr."
Da antwortet der zweite: „Bei mir ist das auch so. Ich bin schon 15 Jahre im Dienst und ich verdiene nur 15 000 Euro jährlich."
Beide beschließen, zum Bischof zu marschieren, um sich zu beschweren. Der Bischof weigert sich, mehr Geld zu bezahlen und rät ihnen, zur Gemeinde zu gehen. So kommt es, dass

beide Pfarrer am nächsten Sonntag in der Gemeinde die Messe halten und ihre Klagen singend vortragen. Zunächst der eine: „Ich bin schon 20 Jahre hier und verdiene immer noch 20 000." Dann der zweite Pfarrer: „Ich bin schon 15 Jahre hier und bekomme nur 15 000."

Der Organist hat aufmerksam zugehört und singt: „Ich bin erst drei Jahre hier und verdiene 30 000! Lasset uns singen: There's no business like showbusiness!"

Im Rahmen seiner Ausbildung muss der Pastor einen Gottesdienst in einer ihm nicht vertrauten Kirche halten. Unbewusst sucht er etwas, um sich festzuhalten, und findet einen Bolzen, der in die Kanzel hineinragt. Während des Gottesdienstes spielt er die meiste Zeit damit herum. Zu seiner großen Erleichterung hört die kleine Gemeinde höchst aufmerksam zu. Nach dem Gottesdienst kommt einer der jungen Diakone auf ihn zu und meint, er habe sich gut gehalten – gerade, wenn man bedenke, wie nervös er gewesen sei.

„Woher wussten Sie, dass ich nervös war?", fragt der Pastor.

„Oh", lacht der Diakon, „während ihrer Predigt drehte sich das an die Kanzel gedübelte Kreuz wie ein Propeller!"

Ein Schäfer sitzt mit seinem Hund in der Kirche und hört die Predigt. Da tönt der Pfarrer von der Kanzel: „Ein guter Hirte bleibt immer bei seinen Schafen!"

Sagt der Schäfer zum Hund: „Komm, Bello, wir gehen! Der stänkert schon wieder."

Ein Pfarrer sitzt vor einem guten Glas Rotwein und leckt sich die Lippen. Er denkt: „Komisch, wenn der Wein den Leuten schmeckt, sagen sie: Teufel auch, ist der gut! Wenn er ihnen aber nicht schmeckt, dann sagen sie: Herrgott, ist der sauer!"

Der Bischof ist bei einem Landpfarrer zu Besuch und bemerkt, dass im Pfarrhaus über der Eingangstür ein großes Hufeisen hängt. Der Bischof runzelt bedenklich die Stirn und fragt: „Glauben Sie etwa an die Kraft von Hufeisen?"
Der Pfarrer: „Nein, Herr Bischof! Wo denken Sie hin! Ich bin überzeugt davon, dass es Glück bringt, auch wenn man nicht daran glaubt!"

Warum verbringen Pfarrer ihre Ferien am liebsten in den Bergen?
Weil dort das Echo so stark ist!

Ein Pfarrer will in seinem Garten spazieren gehen. Da überrascht er fünf Jungs, die sich gerade über seine Himbeersträucher hermachen. Er wird wütend und erwischt einen der Übeltäter noch rechtzeitig, bevor er sich mit seinen Kumpanen über den Zaun davonmachen kann.
„Weißt du, dass dies eine Sünde ist, die du in der nächsten Beichte gestehen musst?"
Der Flegel: „Nein, ich bin evangelisch!"

Ein norddeutscher Urlauber beobachtet höchst aufmerksam eine lange Fronleichnamsprozession in einem Dorf im Bayerischen Wald. Da gibt er sich einen Ruck und fragt einen einheimischen Bauern: „Entschuldigen Sie bitte!"
„Ja und?"
„Sagen Sie einmal, sind das wirklich alles Jungfrauen?"
Darauf antwortet Bauer: „Schaun's halt selber nach!"

In der Schule, während des Religionsunterrichts, gähnt ein Schüler ostentativ. Darauf der Lehrer zu ihm: „Tobias 6, Vers 3. O Herr, er will mich fressen."
Darauf der Schüler schlagfertig: „Apostelgeschichte 10, Vers 3, zweiter Absatz: Herr, ich habe noch nie etwas Unreines gegessen."

Der Religionslehrer schildert den Kindern den Weltuntergang: „Der Sturm wird die Dächer wegfegen, Flüsse werden über die Ufer treten und Blitz und Donner werden über die Menschheit hereinbrechen!"
Da fragt ein Schüler: „Werden wir bei dem Sauwetter auch Unterricht haben?"

Einmal im Jahr geht der Himmel auf Betriebsausflug. Man beratschlagt, welche Reiseziele in Betracht kommen. Erzengel Gabriel schlägt Bethlehem vor. Daraufhin meldet sich die Mutter Gottes: „Nein, das mag ich nicht. Dort sind oft die

Zimmer überbucht und die Leute sind ganz schön unfreund-
lich."

Von irgendwoher kommt der Vorschlag: „Jerusalem!"

Empört meldet sich Jesus zu Wort und sagt: „Nein, da ist die
Justiz dermaßen willkürlich und die Leute sind so hinterhältig.
Das kommt nicht in Frage!"

Schließlich schlägt jemand Rom vor. Darauf der Heilige Geist:
„Au ja! Gute Idee! Da war ich noch nie!"

Zwei hungrige Pfarrer sitzen beim Abendessen zusammen.
Bevor sie das reichliche Mahl genießen können, muss natürlich
gebetet werden. Beide senken den Kopf und sind offensichtlich
in ihr Tischgebet versunken. Der eine beobachtet den anderen
unter heruntergezogenen Lidern jedoch aufmerksam und fragt:
„Lieber Bruder, Sie bewegen die Lippen beim Beten so andächtig. Darf man fragen, um was Sie den Herrn gebeten haben?"
Darauf der andere: „Ähem, Bruder. Ich zählte ruhig bis 47.
Manche zählen ja sogar bis 60. Aber wäre das nicht allzu
scheinheilig?"

Ein Pfarrer ist ausgesprochener Fußballfan. Hatte er lange Zeit
immer die Spiele seines Vereins in der Amateurliga besucht, so
ließ er sich dort seit geraumer Zeit nicht mehr blicken. Eines
Tages fragte ihn ein Vorstandsmitglied des Sportvereins nach
den Gründen.

Der Pfarrer lächelte und antwortete:

„Ach sehen Sie, ich habe die gleichen Gründe für meine Ab-
wesenheit, die ich auch immer hören muss:

Erstens: Jedes Mal wird Geld gesammelt.
Zweitens: Der Trainer hat mich noch nie persönlich begrüßt.
Drittens: Die Sitzplätze sind zu hart.
Viertens: Die Leute, die neben mir Platz nehmen, sind mir unsympathisch.
Fünftens: Der Schiedsrichter trifft immer Entscheidungen, mit denen ich nicht einverstanden bin.
Sechstens: Das Spiel dauert manchmal länger als anberaumt.
Siebtens: Die Fans singen Lieder, die ich noch nie gehört habe.
Achtens: Die Spiele werden zu einer Zeit angesetzt, zu der ich etwas anderes vorhabe.
Neuntens: In meiner Kindheit haben mich meine Eltern so oft zum Fußballplatz mitgenommen, dass ich jetzt keine Lust mehr habe."

Ein Stadtpfarrer kommt in ein Zoofachgeschäft. Er guckt sich um, bleibt bei den Hasen stehen, lugt in das Meerschweinchengehege und landet schließlich bei den zahlreichen Vogelkäfigen. Schließlich fragt ihn ein Verkäufer höflich: „Was kann ich für Sie tun?"
Darauf der Pfarrer: „Ich hätte gerne ein Tier für meine Haushälterin."
Der Verkäufer antwortet: „Ach, das tut mir leid. Wir machen keine Tauschgeschäfte!"

Zwei Pfarrer treffen sich am Sonntagnachmittag beim Spaziergang im Park. Sagt der eine: „Mein Lieber, ich weiß bald nicht mehr, was ich machen soll! Jetzt haben wir gepolsterte

Sitze in der Kirche, die Kniebänke sind abgeschafft. Jede Woche gibt es einen Vortrag über aktuelle Themen – viel Politik und Gesellschaft und so. Und zwei Mal im Monat ist Hiphop- oder Skater-Gottesdienst. Aber die Kirche wird immer leerer. Kannst du mir sagen, was wir noch versuchen sollen?" „Lieber Bruder, vielleicht langweilst du die Leute? Ich würde es zur Abwechslung mal mit Religion versuchen!"

So tief in das fremde und dunkle Regenwaldgebiet ist der Missionar noch nie eingedrungen. Plötzlich hüpft ein Kopfjäger von einer großen Palme auf den Boden und sagt freundlich: „Sie können gerne zum Essen dableiben."

Kapitel zwei:
Pointen von Päpsten

Der Papst ist auf dem Rückflug nach Rom. Da kommt ein Steward und fragt ihn, ob er Wein oder lieber Wasser trinken möchte.

Hierauf fragt der Heilige Vater: „Wie hoch fliegen wir denn?"

Der Steward antwortet: „Etwa 10 000 Meter."

Darauf der Heilige Vater: „Dann lieber Wasser. Ich bin zu nahe am Chef."

Der Unterhändler einer großen Fast-Food-Kette kommt in den Vatikan. Er bietet eine Million Dollar dafür, wenn das „Vater unser" dahingehend geändert würde, dass es heißt: „Unseren täglichen Hamburger gib uns heute!"

Kopfschütteln bei der Finanzabteilung. Der Unterhändler bietet zwei Millionen, fünf Millionen. Bei zehn Millionen Dollar greift der Sekretär des Heiligen Stuhls zum Telefon:

„Heiliger Vater – wie lange läuft denn noch unser Vertrag mit der Bäckerinnung?"

Papst Johannes XXIII. war ein ungewöhnlicher Mensch und hatte viele Charaktereigenschaften, über die etliche Anekdoten erzählt werden. Eine seiner Eigenschaften war seine Vorliebe für unangemeldete Überraschungsbesuche. Einmal machte er sich auf, der römischen Klinik „Zum Heiligen Geist" eine Visite abzustatten.

Als die Schwester Oberin von der Pforte informiert wurde, dass der Heilige Vater vor der Türe stehe, lief sie aufgeregt hinaus, um den hohen Besucher gebührend zu empfangen. „Heiliger Vater!", stammelte sie, „ich bin die Oberin vom Heiligen Geist!"

Da antwortete der Papst: „Oh! Ich bin bloß der Stellvertreter Christi!"

Ludwig Niedermayr aus Mitterhaslbach, das zwischen Oberhaslbach und Unterhaslbach, irgendwo im tiefsten Niederbayern liegt, hat den ersten Preis in einem Preisausschreiben der Heimatzeitung gewonnen. Wie im Haslbacher Boten angekündigt worden war, winkt dem glücklichen Gewinner eine Reise nach Rom zum Heiligen Vater.

Aufgrund der guten Verbindungen der Zeitung zum Bistum gibt es eine Audienz beim Papst inklusive. Niedermayr ist überglücklich und besteigt einen Monat später den Regionalbus Mitterhaslbach-Oberhaslbach, um ins nahe gelegene Kreisstädtchen zu fahren. Dort angekommen, steigt er in den Regionalzug nach Regensburg, um von dort in den Eurocity nach München zu wechseln. Am Münchener Hauptbahnhof nimmt er den Intercity nach Rom.

Alles geht gut, die Ewige Stadt und der Heilige Vater werden zum Glanzpunkt in Niedermayrs Leben. Wohlbehalten kehrt er zurück. Schon bald sitzt er wieder am Stammtisch zum „Goldenen Löwen", wo ihn der Huber-Bauer fragt, wie es denn so war.

„Pfundig war's, mei, ja scho. Wenn bloß des Rom net so abgelegen wär!"

„**Wofür** ist Papst Johannes Paul I. bekannt?" fragt der Religionslehrer in der 5. Klasse seine Schüler.
Max meldet sich und meint: „Er hat in der Kirche das Lachen eingeführt!"

Juri Gagarin ist 1962 der erste Mensch im All. Als der sowjetische Weltraumfahrer glücklich zur Erde zurückkehrt, fragt ihn der ehemalige Chef der KPdSU, Nikita Chruschtschow, beunruhigt: „Sag mal, Genosse Gagarin, hast du oben Gott gesehen?"
„Ja, ich habe ihn gesehen."
Darauf Chruschtschow: „Ach, ich habe es mir doch gedacht. Ich beschwöre dich, Genosse! Zu niemandem ein Wort darüber!"
Gagarin verspricht es. Bei seinem anschließenden Triumphzug um die Welt kommt er auch nach Rom und erhält eine Audienz beim Heiligen Vater. Der fragt ihn neugierig: „Sag, mein Sohn, hast du da oben Gott gesehen?"
Gagarin schüttelt bedauernd den Kopf und antwortet: „Nein, Heiliger Vater. Ich habe ihn nicht gesehen."
Darauf der Papst nachdenklich: „Ach, habe ich es mir doch gedacht. Ich bitte dich inständig, mein Sohn – zu niemandem ein Wort darüber!"

Der Papst ist zum ersten Mal in seinem Leben in der Sauna. Sein Lieblingskardinal begleitet ihn. Dem Heiligen Vater gefällt das Saunieren ausnehmend gut und er regt an, gleich morgen wieder einige Gänge zu absolvieren.

Da antwortet der Kardinal: „Das wird leider nicht so gut passen, denn morgen ist gemischte Sauna."

Der Papst seufzt: „Na gut. Saunieren kann man mit den Lutherischen ja mal."

Roncalli, der spätere Papst Johannes XXIII., war auch einmal Patriarch von Venedig. Bei einem großen Empfang unterhielt er sich einmal mit einem sehr reichen Mann. Im Verlauf des Gespräches bemerkte er: „Wir zwei haben immerhin etwas Gemeinsames, nämlich das Geld. Sie haben davon zu viel und ich zu wenig. Der Unterschied zwischen uns beiden ist nur der, dass mich das Geld nicht drückt."

Italiens ehemaliger Regierungschef Giulio Andreotti wird vom Papst in Privataudienz empfangen. Der Papst erlaubt ihm, sich eine besondere Gnade zu erbitten. „Heiliger Vater", beginnt der Politiker, „ich wünsche mir so sehr, dass ich schon zu Lebzeiten heiliggesprochen werde."

„So leid es mir tut. Aber das geht nicht schon zu Lebzeiten", schlägt ihm der Papst die Bitte ab, „Das ist erst möglich, wenn Sie tot sind. Aber wie wär's: Sie stellen sich scheintot, und ich spreche Sie scheinheilig."

Frage an Radio Eriwan: „Trifft es zu, dass beim Besuch des Ministerpräsidenten der UdSSR in Rom zwischen ihm und dem Papst ein Konkordat ausgehandelt worden ist?"
Antwort: „Im Prinzip ja. Es wird jedoch noch über den ersten Satz dieser Übereinkunft verhandelt. Der Papst besteht darauf, dass er lautet: 'Gott hat den Menschen erschaffen'. Der Ministerpräsident wünscht die Hinzufügung der Anmerkung 'unter Anleitung der Partei'."

Papst Benedikt XVI. traf bei seinem bayerischen Deutschlandbesuch nicht nur auf den katholischen Ministerpräsidenten Edmund Stoiber, sondern auch auf die protestantische deutsche Kanzlerin Angela Merkel.
Ein Journalist will folgendes Gespräch belauscht haben.
Merkel: „Herr Papst …"
Benedikt: „Heiliger Vater genügt vollkommen …"
„Pardon, Heiliger Vater, jetzt gibt es mit mir eine Regierungschefin in Deutschland. Wer weiß, vielleicht bewerbe ich mich auch noch einmal um das Amt als Staatschefin, also als Bundespräsidentin. Sagen Sie: Heiliger Vater – wann, denken Sie, wird es erstmals eine Päpstin geben?"
Benedikt: „Ach, Frau Merkel, warten wir's ab. Werden Sie erst einmal katholisch. Dann sehen wir weiter!"

Bei der Konferenz von Jalta unterhält man sich auch über die Haltung des Vatikans und den Papst. Da fragt Stalin abschätzig: „Ach, wer ist schon der Papst? Wie viele Divisionen hat der überhaupt?"

Als der Papst 1953 die Nachricht vom Tode Stalins erhält sagt er zu seinem Sekretär: „Jetzt wird er sehen, wie viele Divisionen wir haben!"

Die Inhaber zweier exklusiver Schuhgeschäfte für Maßanfertigungen in Mailand unterhalten sich.
Sagt der eine: „Vor zwei Monaten war ich in Rom und habe eine Messe auf dem Petersplatz erlebt. Der Papst wäre ein phantastischer Kunde!"
„Warum?", fragt der andere überrascht.
„Na ja, ich habe weit vorne in der Menge gestanden und er ging ganz knapp an mir vorüber. Schuhgröße 48, schätze ich."

Der Lehrer will wissen, wer der Vorgänger von Papst Paul VI. auf dem Stuhl Petri war.
Nur ein Schüler meldet sich: „Das war Johannes!"
„Stimmt", lobt der Lehrer „aber da kam noch etwas dahinter."
„Ja, zwei Kreuzchen und drei Striche!", ruft aufgeregt die kleine Lisa, deren Eltern eine Gastwirtschaft betreiben.
„Und was heißt das?"
„Zwei Korn und drei Bier."

Angelo Giuseppe Roncalli, der spätere Papst Johannes XXIII., war schon früh für seine Spontaneität und direkte, unkomplizierte Art bekannt. Als die Räume der französischen Nuntiatur in Paris, wo er von 1944 bis 1953 wirkte, auf seinen Auftrag hin erneuert wurden, machte sich ein Handwerker, dem die Arbeit nicht gut von der Hand ging, durch lautes Fluchen Luft. Nuntius Roncalli schloss die Tür, um nicht so viel davon zu hören. Der Handwerker fluchte indes ununterbrochen weiter.

Endlich ging Roncalli zu dem Mann hinein und meinte: „Was soll das? Können Sie nicht einfach, wie alle anderen auch, ‚Merde' (Sch …) sagen und weiterarbeiten?"

Jeden Morgen weckt der Kammerdiener den Heiligen Vater Punkt 6.30 Uhr und hat sich dabei angewöhnt, zu sagen: „Guten Morgen, Eure Heiligkeit. Es ist halb sieben und die Sonne scheint über Rom!"

Dieses Morgensprüchlein ist zum Ritual geworden, ebenso wie die Antwort des Papstes, die jedes Mal lautet: „Danke, mein Sohn, der Herrgott und ich wissen es schon!"

Im Laufe der Zeit ärgert den Diener die regelmäßige Antwort des Papstes immer mehr. Also weckt er ihn eines Tages erst eine Stunde später mit den gewohnten Worten: „Guten Morgen, Eure Heiligkeit. Es ist halb sieben und die Sonne scheint über Rom!"

Prompt antwortet der Heilige Vater wie gewohnt: „Danke, mein Sohn, der Herrgott und ich wissen es schon!"

Da ruft der Mann dem Papst überheblich zu: „Nichts wisst ihr! Gar nichts! Es ist schon halb acht und es gießt in Strömen!"

Der neureiche, aber schwer katholische rheinländische Unternehmer Tünnes hat eine Audienz beim früheren Papst bekommen.

„Ich freue mich ja so, dass ich gerade heute an Ihrem Namenstag hier sein kann", strahlt er.
Darauf der Papst: „Aber, mein Herr, heute ist doch gar nicht Benedikt!"
Darauf Tünnes: „Nein, aber der Sechzehnte!"

Henry Ford erhält eine Privataudienz beim Papst:
„Heiliger Vater, könnten Sie das Paternoster nicht so ändern, dass da irgendwo das Wörtchen Ford vorkommt?"
Der Papst entrüstet: „Wo denken Sie hin, mein Sohn?!"
„Oh, Heiliger Vater, nur ganz unauffällig ... Sie können sich denken, ich würde da auch etwas springen lassen für die Kirchenkasse!"
„Nein, das ist unmöglich!"
„Ich biete Ihnen aber 30 Millionen Dollar!"
Der Papst: „Du machst mich wirklich sehr traurig, mein Sohn."
„Dann", sagt Ford, „dann sagen Sie mir wenigstens, was Fiat für das ‚Fiat voluntas tua' bezahlt hat!"

Der Papst will einfach einmal anonym nach Venedig reisen. Dort fällt er aus einer Gondel. Das Wasser ist zwar nicht tief, aber der Papst bekommt zunehmend Probleme. Da kommt ein Gondoliere vorbei und fragt: „Kann ich Ihnen helfen?"
Der Papst sagt: „Nein, der Heilige Geist wird mir schon beistehen." Aber er versinkt immer weiter im Wasser, es steht ihm schon bis zum Hals. Da kommt der Gondoliere wieder vorbei und fragt: „Kann ich Ihnen helfen?"

Der Papst antwortet wieder: „Nein, der Heilige Geist wird mir schon beistehen."

Es kommt, wie es kommen muss: Der Papst ertrinkt. Als er im Himmel vor dem Heiligen Geist steht, sagt er zu ihm: „Wenn man dich schon mal braucht, dann bist du nicht da!"

Worauf der Heilige Geist die Augen verdreht und antwortet: „Wer, glaubst du denn, war wohl der Gondoliere?"

Einmal klingelt das Telefon beim Papst:

„Hallo, hier spricht Gott. Ich habe eine gute und eine schlechte Nachricht."

Papst: „Zuerst die gute Nachricht, bitte!"

Gott: „Gut, ich habe beschlossen, die ganze Welt unter einer gemeinsamen Kirche zu vereinen."

Papst: „Das ist großartig, endlich! Dafür haben wir die ganze Zeit gearbeitet. Und die schlechte Nachricht?"

Gott: „Ich rufe aus Salt Lake City an ..."

Warum küsst der Papst nach jedem Flug die Erde?

Diese Frage kann nur jemand stellen, der noch nie mit Alitalia geflogen ist.

Ein Anwalt kommt nach einer erfolgreichen und ehrlichen Karriere an die Himmelspforte, zugleich mit dem Papst. Petrus begrüßt den Papst und begleitet ihn zu seiner neuen Wohnung. Der Raum ist klein und eher schäbig, wie ein drittklassiges Vororthotel. Danach wird der Anwalt zu seinem Quartier ge-

41

bracht. Er erblickt einen Palast mit Swimmingpool und einem Park. Von der Terrasse aus genießt er eine malerische Sicht auf die Himmelspforte.

Der Anwalt ist überrascht und sagt zu Petrus: „Ich fühle mich sehr eigenartig, wenn ich so meine Stätte betrachte, nachdem ich gesehen habe, wie billig der Papst untergebracht wird."

Da antwortet Petrus: „Ach, weißt du, wir haben hier oben gut hundert dieser Päpste und ehrlich gesagt langweilen sie uns ein bisschen – aber wir hatten noch nie einen Anwalt!"

Papst Johannes XXIII. wird von einer britischen Protestantin, die zum Katholizismus übergetreten ist, um eine Privataudienz gebeten. Der Heilige Vater gewährt ihr 15 Minuten seiner kostbaren Zeit und hört, sobald sie in die Gemächer eingetreten ist, eine ununterbrochene Ovation auf den katholischen Glauben. Die Dame erklärt immer wieder, sie habe nun endlich ihr Seelenheil gefunden und sie sei dafür ewig dankbar. Sie wirft sich in die Brust und bedauert ihren früheren Irrglauben. Dem Papst bleibt ein einziger Satz: „Glauben Sie es mir doch, ich bin auch katholisch!"

Kapitel drei:
Konfusionen mit den
Konfessionen

Was ist der Unterschied zwischen dem Christentum und dem Kommunismus?
Das Christentum predigt die Armut, der Kommunismus setzt sie um.

Der Besitzer einer Zahnpastafabrik trifft den Bischof zufällig auf der Straße und sagt: „Das Christentum hat nichts erreicht. Obwohl es schon bald zweitausend Jahre gepredigt wird, ist die Welt nicht besser geworden. Es gibt immer noch Böses und böse Menschen."
Der Bischof zeigt auf einen Passanten, der sich mit einem anderen unterhält und mit offensichtlich reichlich ungepflegten Zähnen lauthals lacht. Der Bischof: „Zahnpasta hat nichts erreicht. Es gibt immer noch mangelnde Mundhygiene und Menschen mit ungepflegten Zähnen in der Welt."
„Zahnpasta", kontert der Fabrikant, „nutzt nur, wenn sie angewendet wird."
Der Bischof schmunzelt: „Sehen Sie, Christentum auch."

Ein gern – und heimlich – gehörter Witz zu Vor-Wendezeiten: Erich Honecker, Staatsratsvorsitzender der DDR, kommt in den Himmel. Immer wieder läutet ein kleines Glöckchen. Honecker erfährt, dass dies das Lügenglöckchen ist, das stets läutet, wenn auf der Erde jemand lügt. Am nächsten Morgen gegen 5 Uhr früh klingelt das Lügenglöckchen plötzlich pausenlos und will gar nicht mehr aufhören.
Honecker beschwert sich, dass er nicht schlafen kann und will die Ursache des Dauergeläutes herausfinden. Da erklärt ihm ein Engel: „Ach, die beginnen um diese Zeit immer damit, das NEUE DEUTSCHLAND zu drucken."

Ein junger Mann, der eben nach Amerika eingewandert ist und sich in New York niederlassen möchte, fragt einen amerikanischen Priester, ob er mit 15 Dollar Wochenlohn ein gutes christliches Leben führen könne.
Der Priester antwortet ihm: „Es ist das einzige Leben, das Sie führen können."

Der Bischof und der Oberrabbi werden gemeinsam zu einem Galadiner geladen. Beide treffen zugleich ein und stehen vor der Türe des Saales, um dem jeweils Bedeutenderen den Vortritt zu lassen. Nachdem so einige Minuten hin- und hergeschwiegen wurde, gab sich der Bischof einen Ruck und schob den Rabbi vor: „Erst das Alte, dann das Neue Testament."

An einer sehr belebten Straßenkreuzung stoßen, wie es der Zufall will, der katholische und der evangelische Pfarrer mit ihren Autos zusammen. Der katholische Pfarrer steigt aus und meint: „Na, lieber Amtsbruder, es ist ja nur Sachschaden. Wir wollen dankbar sein, dass uns nichts Schlimmeres passiert ist. Ich habe da noch eine Flasche Messwein in meinem Wagen, damit sollten wir uns erst mal beruhigen."
Gesagt, getan, der evangelische Pfarrer setzt an und nimmt einen kräftigen Schluck. Dann reicht er die Flasche weiter an den Kollegen. Doch der meint nur: „Danke, ich trinke erst, wenn die Polizei da war ..."

Zwei Juden verbringen ihre Ferien in Rom und treffen ein, als das Konzil beginnt. Die Stadt ist prächtig geschmückt, überall fahren die elegantesten Automobile herum und die Menschen tragen kostbare Kleider.
„Da siehst du", sagt der eine zum anderen, „wie bei denen die Geschäfte laufen. Und angefangen haben sie mit einem Esel!"

Ein Jude kommt in den Himmel und erhält von Petrus persönlich eine Führung durch die paradiesischen Gefilde. Da gelangen Sie an eine hohe Mauer und Petrus bleibt stehen. Er bedeutet dem Juden, leise zu sein.
„Warum?", will der wissen.
Sagt Petrus: „Hinter der Mauer sind die Christen, und die glauben, sie seien ganz alleine hier!"

Ein Amerikaner indianischer Abstammung ist im Begriff, eine den Weißen vorbehaltene Kirche in Chicago zu betreten. Da wird er von einem Polizisten aufgehalten. Auf die Auskunft, er putze das Gotteshaus, lässt ihn der Ordnungshüter laufen. „Aber, Rothaut", so droht er, „lasse dich nicht beim Beten erwischen. Das ist hier den Bleichgesichtern vorbehalten!"

Von Martin Luther ist überliefert, dass er sehr geradeheraus, um nicht zu sagen ordinär sein konnte. So ist seine Aussage „Wenn es geschmecket hat, dann rülpse und furze man" weithin bekannt.
Doch auch die Katholischen konnten, wenn sie wollten – zumindest im Zeitalter des Barock. Da wurden nicht nur barocke Kirchen gebaut, um Gott in den höchsten Tönen zu loben, da wurden auch barocke, oder sagen wir, derbe Reden gehalten. So ist von einem streng katholischen Kanzelredner das Folgende überliefert:
„Wenn die lutherische Religion die rechte ist, so soll mich gleich der Teufel holen!" sagte der Prediger und wandte sich einem jungen Manne zu, der ihn ungläubig bestaunte: „Der hat gut reden' denkt Ihr. 'Der Teufel hat ja keine Gewalt über sein Priestergewand!?' Dann schaut nur einmal richtig her!" Er zog seinen Umhang aus. „Jetzt, Teufel, komm! Hole mich!" Der Teufel kam nicht; der Prediger zog sein Gewand wieder an: „Seht ihr jetzt, was ihr von den Lutherischen zu halten habt?"

„Zeuge, wie heißen Sie?", fragt der Richter.
„Mein Name ist Menuchim Jontef."

„Und was ist Ihr Beruf?"

„Altkleiderhändler."

„Wo wohnen Sie?"

„In Inowrazlaw."

„Und Ihre Konfession?"

„Konfession? Nu, Herr Richter! Ich heiße Menuchim Jontef, bin Altkleiderhändler und wohne in Inowrazlaw. Glauben Sie vielleicht, ich bin ein Buddhist?"

In Leipzig an der Ecke der Grimmaischen und der Peterstraße steht ein Mann von der Heilsarmee und hält Traktätchen feil. Ein Leipziger fragt ihn im Vorübergehen: „Nu hören Se mal. Se hamm awer 'ne butzche Uniform an, Se sind doch gar gee Soldade!"

Kommt die stolze Antwort: „Ich bin von der Heilsarmee. Ich bin ein Soldat des Himmels."

Klopft ihm der Leipziger auf die Schultern: „Mei Gutester, da hamm Se awer weit zu Ihrer Gaserne!"

Ein evangelischer und ein katholischer Pfarrer streiten sich in Glaubensfragen. Schließlich sagt der katholische Geistliche: „Ich glaube nicht, dass wir jemals zu einem vernünftigen Ergebnis kommen. Deshalb schlage ich vor, dass wir mit dem Streiten aufhören".

Sein Kollege nickt erfreut. Doch bald darauf verfinstert sich seine Miene, denn der katholische Pfarrer fährt fort: „Schließlich dienen wir beide unserem Herrgott. Sie auf Ihre und ich auf seine Weise …"

Ein Minister, ein Priester und ein Rabbi machen an einem sehr heißen Sommertag einen gemeinsamen Ausflug. Als sie an einen einsamen Waldsee kommen, schauen sie sich um, und da sie niemanden sehen, ziehen sie sich mangels Badebekleidung splitternackt aus und nehmen ein erfrischendes Bad. Seine Freiheit genießend, sonnt sich das nackte Trio noch ein wenig am Ufer, als ihnen plötzlich eine Gruppe Frauen aus ihrer Stadt entgegenkommt. Da die drei ihre Kleidung nicht mehr rechtzeitig erreichen können, bedecken Minister und Priester das Geschlechtsteil mit den Händen, der Rabbi jedoch bedeckt sein Gesicht, und so machen sie sich flugs davon.

Nachdem die Frauen weg und die Männer wieder angezogen sind, fragen der Minister und der Priester den Rabbi, weshalb er denn sein Gesicht und nicht sein Geschlechtsteil bedeckte? Der Rabbi antwortet: „Ich weiß nicht genau, wie es bei euch ist, aber in meiner Gemeinde erkennt man mich an meinem Gesicht."

Ein ungläubiger Jude rennt in die Synagoge und fängt an, weinend zu beten. Ein Nachbar, der weiß, dass er Atheist ist, ruft erstaunt: „Was tust du hier? Du glaubst doch nicht an Gott!" Darauf der Ungläubige schluchzend: „Schau mal, es gibt für alles zwei Möglichkeiten. Entweder ich habe Unrecht und es gibt Gott doch – dann habe ich allen Grund wegen meines Unglaubens zu weinen. Oder ich habe Recht und es gibt Gott nicht – dann habe ich erst recht Grund, darüber zu weinen!"

Hochoffizielles Festessen. Ein deutscher Kardinal kommt neben den Oberrabbiner zu sitzen. Der Rabbiner verzichtet auf das Hauptgericht, da zum Spargel auch Schinken gereicht wird. „Ach, lieber Herr Doktor", meint der Kardinal, „wann werden Sie wohl diesen alten Aberglauben ablegen?"
„Bei Ihrer Hochzeit, Eminenz", antwortet der Rabbiner.

Ein Rabbiner und ein Bischof fahren gemeinsam mit der Eisenbahn. Der Rabbi fragt den Bischof: „Sag mal, was ist der wirklich essentielle Unterschied zwischen dir und mir?"
Der Bischof erstaunt: „Na, du bist gut. Du bist Jude und ich ein Christ."
„Nu ja, schon", sagt der Rabbi, „aber was heißt das?"
Der Bischof schüttelt verwundert den Kopf. Da hebt der Rabbi erneut an: „Sag, was könntest du Höheres in deiner Kirche werden als Bischof?"
„Erzbischof, Kardinal, ja vielleicht sogar Papst. Also theoretisch, meine ich", antwortet der Bischof leicht genervt.
„Auch Gott?", fragt der Rabbi, „schau, von uns ist es einer geworden!"

Ein evangelischer Priester, ein katholischer Pfarrer und ein Rabbi sitzen am See Genezareth. Sie zünden ein Feuer an und der Katholik schlägt vor, einen schönen Liter Messwein holen zu gehen. Die beiden anderen stimmen zu und so steht der Pfarrer auf, geht über den See, holt den Wein, kehrt wieder über den See zurück, und die drei haben eine gute Zeit.

Der Protestant verspürt auf einmal Hunger und macht sich auf den Weg, um eine Tüte Chips zu holen. Er steht also auf, geht über den See, holt die Chips aus seinem Haus, kommt wieder über den See zurück, und alle drei machen sich über die Chips her.

Der Rabbi, der den anderen beiden natürlich in nichts nachstehen will, schlägt vor, er könne ja einige seiner Comichefte holen, damit es nicht so langweilig würde. Die anderen beiden finden das gut, und so macht sich der Rabbi auf den Weg über den See. Aber er fällt sofort ins Wasser und die beiden anderen lachen.

Da sagt der Protestant zum Katholiken: „Eigentlich hätten wir ihm ja auch sagen können, wo die Steine liegen."

Darauf der katholische Pfarrer: „Welche Steine?"

Kohn steht, mit seinem schwarzen Hut in der Hand, vor einem katholischen Priester und macht ein ganz und gar jämmerliches Gesicht.

„Bitte, ich will getauft werden", sagt er.

Der Geistliche stutzt und antwortet dann: „Das ist ein Wunder! Aber kommen Sie nur morgen um sechs in die Kirche, und ich werde Sie in die wichtigsten Prinzipien unseres Glaubens einweihen."

Kohn schüttelt energisch den Kopf: „Es muss aber noch heute passieren, morgen ist es schon zu spät."

„Warum?", fragt der Priester sehr erstaunt.

„Weil morgen ist Pessach und wir haben keine Mazes und keinen Wein im Haus."

Ein Moslem, der sich taufen lassen will, fragt einen christlichen Bekannten, welche Kleidung wohl bei der Zeremonie angemessen sei.

„Es ist nicht leicht, dir einen Rat zu geben", meint dieser. „In 99 Prozent aller Fälle tragen die Unsrigen bei der Taufe lediglich Windeln."

Am Sabbat steht ein Jude in der Türe seines Geschäfts und sieht einen Passanten. „Ich biete dir diesen Mantel zum halben Preis!"

Der Passant, ein gläubiger Jude, antwortet erzürnt: „Was, am heiligen Sabbat willst du ein Geschäft machen? Das ist lästerlich!"

Darauf der Händler: „Hat man Töne! Ich biete ihm den Mantel zum halben Preis – und das nennt der ein Geschäft!"

Ein Jude kommt in ein Delikatessengeschäft und fragt die Verkäuferin: „Sagens bitte Fräulein, was kostet der Schinken?" (Nach dem mosaischen Gesetz ist der Genuss von Schweinefleisch verboten). Sofort zieht ein Gewitter auf, dunkle Wolken ballen sich zu einer schwarzen Front zusammen, Donner grollt und Blitze zucken bedenklich.

Der Jude legt die Hand über die Augen und murmelt: „Nu, fragen wird man ja noch mal dürfen …"

Ein Vater beklagt sich beim Rabbi lauthals über seinen Sohn. Wo der Schweinfleisch sehe, esse er es und wo er eine Schickse

entdecke (ein einfaches christliches Mädchen), da küsse er sie
auch schon.

Der Rabbi zitiert den Sünder sofort zu sich: „Warum tust du
das, mein Sohn, obwohl es verboten ist?"

Darauf der Knabe: „Weil ich meschugge (verrückt) bin."

Der Rabbi schüttelt den Kopf und sagt: „Unsinn! Wenn du
die Mädchen beißen und das Schweinefleisch küssen würdest,
dann wärst du meschugge. So ist bei dir alles in Ordnung!"

Es kommt zu einer großen Dürre und die Lebensmittel sind
extrem knapp. Da befiehlt der orthodoxe Rabbiner der Gemeinde zu fasten. Der chassidische Rabbi hingegen ordnet ein
rauschendes Festmahl mit den letzten Vorräten an. Warum?
Er erklärt es der staunenden Gemeinde: „So müssen wir es
machen, damit die da oben merken, dass wir wirklich zu essen
brauchen. Wenn wir fasten, glauben die vielleicht, es ginge
auch ohne zu essen."

Der alte Katzenstein ist empört und gerät völlig aus der Fas-
sung: „Nathan! Was habe ich gehört? Dein Sohn hat sich taufen lassen! Was wirst du sagen Gott dem Herrn, wenn er dich
stellt zur Rede?"

„Na, was werd ich sagen?" erwidert der Nathan. „Ich werd
sagen: Und Ihr Herr Sohn?"

Silberberg wird von seinen Freunden mit unangenehmen
Fragen bedrängt: „Wie kannst du dich taufen lassen? Ausge-

rechnet du, der du nach Rom gefahren und reichlich enttäuscht wieder zurückgekehrt bist?"

Silberberg beschwichtigt seine Freunde, setzt ein selbstgewisses Lächeln auf und sagt: „Glaubt mir: Eine Religion, die das aushält, ist die wahre!"

Ein katholischer Geistlicher und ein Rabbi besteigen denselben Zug, um in die Stadt zu fahren. Während der Fahrt beginnt der Rabbi, den Geistlichen auszufragen.

„Sagen Sie mal, Herr Pfarrer, Sie müssen doch immer enthaltsam leben und dürfen keine Frauen haben, oder?"

„Nein, unter keinen Umständen. Ich lebe ja schließlich im Zölibat."

„Haben Sie aber nicht trotzdem einmal, nur so ein bisschen, meine ich ...?"

Der Pfarrer wird verlegen: „Na ja, aber das war noch im Priesterseminar."

Der Rabbi nickt zufrieden.

Da kontert der Pfarrer, nachdem er einige Zeit lang aus dem Fenster gestiert hatte: „Aber Sie dürfen doch auch nicht alles, soviel ich weiß. So dürfen Sie doch kein Schweinefleisch essen, oder?"

„Nein, unter keinen Umständen. Das ist mir verboten."

„Haben Sie aber nicht trotzdem einmal probiert, nur so ein bisschen, meine ich ...?"

Der Rabbi rutscht auf der Bank herum und räumt ein: „Na ja, mal ein ganz kleines Stückchen."

„Sehen Sie", sagt der Geistliche und nickt zufrieden.

„Aber, Herr Pfarrer", sagt da der Rabbi, „mal ganz ehrlich. Ist das ein Vergleich?"

Ein Jude will beim Rabbi Rat holen. Er schwätzt ihm drei Stunden die Ohren voll und fragt dann: „Rabbi, was soll ich tun?"
Der Rabbi antwortet: „Du sollst dich taufen lassen."
Da sagt der Mann beleidigt: „Taufen lassen? Ja, wie käm' ich denn dazu? Warum?"
Der Rabbi: „Dann wirst du in Zukunft dem Pfarrer die Zeit stehlen und nicht mir!"

Die junge Lisbeth stammt aus dem Westfälischen und tritt eine Stelle als Haushälterin und Kindermädchen bei einer ehrwürdigen und alteingesessenen Kölner Kaufmannsfamilie an. Die Frau Doktor sagt zu ihrer neuen Haushälterin: „Lisbeth, wir sind hier sehr vegetarisch eingestellt und ich hoffe, dass ich dich von dieser frommen Art des Lebens auch bald überzeugen und dafür gewinnen kann."
Lisbeth aber erschrickt und antwortet: „Nein, Frau Doktor, ich bleib wirklich lieber evangelisch!"

In einem Zugabteil unterhalten sich vier Herren angeregt: über das Wetter, die Ziele ihrer Reise und die Aufträge, die sie zu erledigen haben. Da greift einer von ihnen in eine große Tasche und holt scinen Rciseproviant heraus. Der Herr ist Däne und bietet den anderen an: Aquavit aus einer Reiseflasche mit einem Silberbecherchen oben drauf, gekochte Eier mit Salz und Pfeffer und schließlich große Brote, die mit Schinken belegt sind. Die drei Reisebegleiter des Mannes langen dankbar zu. Jeder formuliert jedoch eine Einschränkung.

Der Erste lehnt höflich den Aquavit ab: „Ich bin Moslem und trinke keinen Alkohol."

Der Zweite weist dankend den Schinken zurück: „Wir Juden essen nichts vom Schwein."

Der Dritte will ebenfalls keine Schinkenbrote: „Heute ist Freitag, und ich bin katholisch."

„Merkwürdig", antwortet da der Däne. „Jede Religion untersagt ihren Gläubigen etwas Leckeres. Warum bloß?"

„Alle, die an Gott glauben", antwortet der Katholik, „verzichten gern auf etwas aus Liebe zu Gott."

Der Däne wird verlegen und brummt: „Ich glaube auch an ein höheres Wesen. Ich bin auch religiös, wissen Sie, aber nicht konfessionell gebunden."

Da fragt ihn der Jude: „Und auf was verzichten Sie?"

Der Däne schweigt betreten, antwortet dann aber schnell: „Aufs Beten."

„Reb Koppel ist gestorben. Gehst du zu seinem Begräbnis?" „Warum sollte ich? Wird er zu meinem kommen?"

Ein katholischer Pfarrer, ein evangelischer Pastor und ein jüdischer Rabbi treffen sich jeden Donnerstagabend zum Kartenspiel. Heute geht das Spiel nicht so recht voran und der Pfarrer beginnt über das Leben als solches und im Allgemeinen

zu philosophieren. Schließlich fragt er: „Wisst Ihr eigentlich, wann das Leben beginnt? Das Leben beginnt schon mit dem ersten Gedanken an ein Kind, den Mann und Frau denken."
„Blödsinn", antwortet der Pastor. „Das Leben beginnt erst mit der Verschmelzung von Ei- und Samenzelle."
„Falsch, ganz falsch, meine Herren", meldet sich der Rabbi zu Wort. „Leben beginnt, wenn Kinder aus dem Haus und Hund tot!"

Bert und Friedrich sind alte Schulfreunde und haben gemeinsam das Abitur an einem naturwissenschaftlichen Gymnasium absolviert. Bert ist katholisch und Friedrich evangelisch. Beide studieren Theologie und fühlen sich zum Priesteramt berufen. Zwanzig Jahre später treffen sie sich per Zufall auf der Straße wieder. Bert erkennt Friedrich sofort, eilt auf ihn zu und begrüßt ihn: „Mein lieber Stiefbruder in Christo, wie geht es dir nach all den Jahren?"

Zwei Nachbarskinder aus der ersten Schulklasse planschen nackt in einem Swimmingpool. Das Mädchen betrachtet den Jungen sehr aufmerksam und fragt: „Bist du eigentlich katholisch oder evangelisch?"
Sagt der Junge: „Katholisch."
Das Mädchen staunt: „Ich hätte nicht gedacht, dass der Unterschied so groß ist!"

Am Stammtisch zum „Seehund" auf einer ostfriesischen Insel wird die Frage diskutiert, was denn eigentlich unter Ökumene zu verstehen ist.
Da erklärt der Wattführer Jan den Anwesenden: „Ökumene ist, wenn du dir von einem katholischen bayerischen Touristen einen Klaren zahlen lässt!"

Martin Luther hatte viel Erfolg mit seiner Reformation. So werden im 16. Jahrhundert Luthers Lieder auch in katholischen Kirchen gesungen, so geschehen in der Hofkapelle des Herzogs Heinrich von Wolfenbüttel. Ein katholischer Priester hört dies empört und macht dem Herzog darüber Vorhaltungen.
Der Herzog fragt: „Was für Lieder meinen Sie denn?"
Darauf der Priester: „Na, gnädiger Herr, zum Beispiel 'Es woll uns Gott genädig sein'"
Darauf haut der Herzog mit der Faust auf den Tisch: „Ei, soll uns denn der Teufel gnädig sein?"

Bei der amerikanischen Armee ist Pokern strengstens verboten. Ein Katholik, ein Protestant und ein Jude haben dennoch heimlich in der Nacht gepokert. Sie werden erwischt. Nun sollen sie sich vor Gericht verantworten.
Der Katholik: „Ich schwöre bei der Heiligen Jungfrau Maria, ich habe nicht gepokert!"
Der Protestant beruft sich auf Martin Luther und schwört ebenso, nicht gepokert zu haben.

Jetzt muss der Jude auf die Anklagebank und wird zum Eid aufgerufen. Er sagt: „Nu, Herr Richter, kann ich mit mir alleine pokern?"

Der Berliner Philosophieprofessor Lazarussohn lässt sich taufen und ändert dabei seinen Namen in „Lazon" um. Da meint ein christlicher Kollege: „Kaum will einer von ihnen den Unbeschnittenen markieren, so beschneidet er seinen Namen."

Ein Rabbi erzählt seiner Gemeinde eine Begebenheit von einem schrecklich armen Mann. Und wie es so ist, arm kommt zu arm, und ausgerechnet dieser zerlumpte arme Bettler findet im Wald einen Säugling. Keine Mutter weit und breit! Und wie soll er das Kind ernähren? Da betet der Mann zu Gott und bittet ihn um Rat. Und siehe da: Es wachsen ihm Brüste, voll mit Milch.
Die Gemeinde ist sehr ergriffen. Ein junger Mann jedoch hat Zweifel an den Worten des Rabbi.
Er fragt ihn: „Warum hat unser allmächtiger Gott dem armen Mann keinen Beutel voll Geldstücke geschickt? Dann hätte er doch alles Nötige kaufen können und müsste nicht handeln gegen seine Natur!"
Der Rabbi aber schüttelt den Kopf, streicht sich den Bart und sagt: „Warum soll Gott ausgeben bares Geld, wenn er auskommt mit e Wunder?"

Kommt ein Jude zum Rabbi und fragt: „Gibt es ein religiös erlaubtes Mittel, die Empfängnis zu verhüten?"
Der Rabbi antwortet: „Limonade trinken."
Darauf der Mann: „Vorher oder nachher?"
Der Rabbi: „Anstatt."

Kapitel vier:
Beten, Beichten, Bitten

Bei einem Besuch in der Schule sieht der katholische Pfarrer, wie ein Junge dem anderen ein Bein stellt. Dieser fällt hin und blutet aus der Nase. Zornig beschimpft Hochwürden den Übeltäter: „Weißt du auch, dass du diese Sünde am Sonntag in der Kirche beichten musst?"
„Nöö, muss ich nicht!", antwortet der Lausbub.
„Und wieso nicht?", will der Pfarrer wissen.
„Weil ich evangelisch bin …!"

Eine 90-jährige bekennt im Beichtstuhl: „Hochwürden, ich habe gesündigt und wissentlich gegen das Gebot der Keuschheit verstoßen, und das viele, viele Male."
„Um Himmels willen, gute Frau", antwortet der Geistliche, „wann war das denn?"
„Vor einem halben Jahrhundert, Herr Pfarrer. Aber ich beichte es doch immer wieder gern."

„**Ich** bekenne, dass ich einen Mann, den ich kannte, sehr geschätzt habe", beichtet eine junge Dame dem Herrn Pfarrer.
„Geschätzt? Wie oft?", fragt der.

Die alte Gschwendner-Bäuerin tut Abbitte im Beichtstuhl: „Mei, Herr Pfarrer, I hob nix Großartigs zum Beichten, nur, dass i allerweil in Spiegel schau, weil i mi echt schön find." Darauf der Pfarrer seufzend: „I kann di beruhigen, Schwester. Eitelkeit ist keine Sünd, und bei dir handelt es sich eh bloß um an Irrtum."

Der Kaplan zeigt beim Erstkommunionunterricht den Kindern den Beichtstuhl. Ein kleiner Junge sieht die Stola dort hängen und fragt den verdutzten Kaplan: „Müssen Sie sich jetzt anschnallen?"

Zu einem schwäbischen Dorfpfarrer kommt ein „schwerer Junge" in den Beichtstuhl. Er ist gerade aus dem Gefängnis entlassen worden und gelobt, fortan ein anständiges Leben zu führen. Nach der Beichte seiner vielen Sünden bittet er den Geistlichen um Rat:
„Sehen Sie, Herr Pfarrer. Auf meinem rechten Oberarm ist der Name meiner früheren Frau eintätowiert, die mich verlassen hat. Jetzt habe ich Gefühle für eine andere Dame, der ich aber noch nicht nähergekommen bin. Wie, Hochwürden, erkläre ich ihr die Tätowierung, wenn sie sie bemerkt?"
Der Pfarrer bittet den Mann aus dem Beichtstuhl und ans Licht herauszutreten. Er lässt sich die Tätowierung zeigen und lächelt: „Lassen Sie doch ein Ave vor den Namen setzen. Ave Maria: Das ist unverdächtig!"

Ein Kardinal und sein Chauffeur verunglücken auf der Landstraße. Beide holt der liebe Gott zu sich und beide kommen zugleich an die Himmelstüre. Der Heilige Petrus steht an der Pforte und bittet den Chauffeur zuerst einzutreten. Der Kardinal ist entrüstet: „Der hat mich durch seine Unachtsamkeit doch erst mit in den Tod genommen! Wieso wird ihm der Vortritt gewährt?"
Petrus darauf sachlich: „Verzeih' mir, aber wenn du gepredigt hast, haben die meisten Leute geschlafen. Wenn dein Chauffeur aber gefahren ist, haben alle gebetet."

In Irland eilt ein kleiner Junge in seine Pfarrkirche. In seiner Faust hält er eine Münze. Im Seitenschiff der Kirche lässt er sie in einen Kasten fallen, nimmt eine Votivkerze, steckt sie auf den Ständer, zündet sie an, kniet sich hin und faltet die Hände. Kurz darauf hört er Schritte in der Kirche und ein Mann kniet sich einen Meter entfernt von ihm hin. Der Junge hält aber seine Augen weiterhin auf den Altar gerichtet. Nach ein paar Minuten jedoch beugt er sich hinüber und flüstert vorwurfsvoll: „Sie! Wollen Sie nicht etwas weiter wegrutschen? Beten Sie doch an Ihrer eigenen Kerze!"

„Was denkst du dir eigentlich", schimpft die Ehefrau zu ihrem Mann. „Ich bete jeden Tag, dass du gesund wirst, und du hast nichts Besseres zu tun, als bei dieser Kälte ohne Mantel und Hut ins Freie zu laufen! Ich mache mich ja lächerlich vor dem lieben Gott!"

Peter betet: „Lieber Gott! Ich bitte dich ganz herzlich: Mache, dass Bayern die Hauptstadt von Deutschland ist!"
Die Mutter, die gerade hereinkommt, um ihrem Sohn einen Gute-Nacht-Kuss zu geben, traut ihren Ohren nicht.
„Wie kommst du denn auf diesen Unsinn, Peterchen?", fragt sie verdutzt.
„Es ist ja nur, weil ich das heute in der Erdkunde-Arbeit geschrieben habe."

In einer Dorfkirche im Fränkischen herrscht dicke Luft. Der Pfarrer predigt von der Kanzel und schimpft: „Euer Unglaube sollte euch beschämen! Ihr wisst, dass wir in diesem trockenen Sommer heute den lieben Gott um Regen bitten wollen. Aber keinen unter euch sehe ich, der einen Regenschirm mitgebracht hätte!"

Ein friesischer Dorfpfarrer begutachtet nach der Heiligen Messe am Sonntag mit den ortsansässigen Bauern den Zustand der um die Gemeinde liegenden Äcker. Missbilligend weist er auf einen brachliegenden Acker am Rande des Weges: „Da hilft kein Beten, da braucht es Mist!"

Ein prominenter Politiker der bayerischen CSU wird sterbenskrank. Er lässt den Pfarrer kommen, um sich die letzte Ölung geben zu lassen. Einen letzten Wunsch hat er auch noch. „Herr Pfarrer, könnten Sie es möglich machen, dass ich noch in die SPD eintrete?"

„Wie das denn? Sie waren doch Ihr ganzes Leben lang Mitglied in der CSU!"

„Mir ist es halt lieber, wenn einer von denen dran glauben muss!"

Der Bauer sitzt im Beichtstuhl seiner Kirche:

„Herr Pfarrer, ich bin fremdgegangen mit der Zenzi, meiner Magd, Sie wissen schon!"

„Wie oft?", will Hochwürden wissen.

„Herr Pfarrer, also bitte! Ich bin hier zum Beichten und nicht zum Angeben."

Kapitel fünf:
„Du sollst nicht …“
Rund um die Zehn Gebote

„Und was geschieht, wenn du eins der Zehn Gebote brichst?“, fragt der Pfarrer seine Schüler in der Religionsstunde. Fritzchen meint nach kurzem Überlegen: „Na ja, dann sind es eben nur noch neun!“

Der Religionslehrer bespricht in der Schule das Thema „Sünde“. Er fragt die Schüler: „Was müssen wir tun, damit uns Gott unsere Sünden verzeiht?“
Darauf der Max: „Na ja, zuerst muss man mal sündigen, Herr Lehrer!“

Das Jüngste Gericht hat begonnen. Die Menschen stehen da und warten auf ihr Urteil. Ein Erzengel ruft: „Alle Sünder gegen das erste Gebot links raus! Ab in die Hölle!“ Und jeder Sünder gegen das erste Gebot wird von seinem Schutzengel nach links geschoben in Richtung Höllenschlund.
Dann ruft der Erzengel: „Sünder gegen das zweite Gebot – links raus! Ab in die Hölle!“ Alle Gebote werden so der Reihe nach abgehakt.
Beim sechsten Gebot kommt es zu einer ungeheuren Unruhe und die ganze Menschheit wird auf die linke Seite geschoben.

Die ganze Menschheit mit Ausnahme eines kleinen Paters, der als einziger auf der rechten Seite übrigbleibt.

Da fleht die Mutter Gottes ihren Sohn an: Unmöglich könne er so viele Menschen verdammen. Da entscheidet der Weltenrichter: „Gut, begnadigt!"

Jetzt macht der kleine Pater ein verdrießliches Gesicht: „Das hätte man mir aber auch früher sagen können!"

Während des Karnevals zu Köln hat ein Mädchen einen nicht einwandfreien Lebenswandel geführt. Zum Beginn der Fastenzeit geht sie zum Beichten. Im Beichtstuhl berichtet sie dem Pfarrer von ihren zahlreichen Fehltritten während der Narrenzeit. Der kann es gar nicht glauben.

„Fräulein", empört er sich, „wissen Sie eigentlich, was Sie für diese ganze Litanei an Sünden verdient hätten?"

„Ungefähr schon, Herr Pfarrer. Aber, wissen Sie, mir geht es ja nicht ums Geld!"

Es ist Sonntag und Frau Meier kocht auf. Ihren Mann schickt sie alleine zum Gottesdienst. Nach dem Frühschoppen im Wirtshaus kommt er nach Hause und sie will wissen, was in der Kirche so los war und was besprochen wurde.

„Wer hat denn den Gottesdienst gehalten?"

„Der Kaplan Schäufele."

„Und, hat er gut gepredigt?"

„Ja, wie immer!"

„Und über was hat er denn gepredigt?"

„Über die Sünde!"

„Ja und was hat er dazu gesagt?“
„Er ist nicht dafür.“

Geht ein Rabbi am Sabbat durch sein Städtl und kommt an einem Haus vorbei, in dem er durchs Fenster drei Juden rauchen und Karten spielen sieht. Alle Haare stehen ihm zu Berge und er stürmt in das Haus und herrscht die drei an: „Wisst ihr nicht, was für Sünden ihr da begeht?“
Meint der Erste: „Verzeih mir, du hast Recht. Ich habe große Schuld auf mich geladen, denn ich habe vergessen, dass man am Sabbat nicht Kartenspielen darf.“
Der Zweite: „Verzeih mir, du hast Recht. Aber ich habe noch viel größere Schuld auf mich geladen, weil ich vergessen habe, dass man am Sabbat nicht rauchen darf.“
Der Dritte: „Verzeih mir, du hast Recht. Aber die größte Schuld habe ich, denn ich habe vergessen, den Vorhang zu schließen.“

Ein ausgesprochener Spaßvogel schickt eines Tages dreißig Mails an dreißig bekannte und ehrwürdige Mitbürger seiner Stadt. Alle haben den gleichen Inhalt: „Alles ist entdeckt! Fliehe, so schnell du kannst!“
Alle 30 verlassen eilends die Stadt.

Der Pfarrer sitzt im Beichtstuhl. Da betritt ein junger unverheirateter Mann den Stuhl, kniet nieder und beichtet, er habe mit dem Mädchen, das er liebt, geschlechtlich verkehrt.

„Das ist nicht in Ordnung", stellt der Beichtvater sachlich fest. Nach der Absolution und dem Amen wendet sich der Priester noch einmal dem jungen Mann zu und fragt: „Aber schön war's doch, nicht wahr?"

Der Gemeinderat gibt ein Fest. Der Spielplatz an der nahen Schule wird schön hergerichtet, Tische und Bänke werden aufgestellt und die Bäume werden mit farbenfrohen Girlanden geschmückt. Das Fest beginnt und der junge neue Pfarrer spricht fröhlich dem Wein zu. Nach einigen Gläsern beginnt er mit einer hübschen Frau heftig zu flirten.
Da nimmt ihn ein älterer Gemeinderat zur Seite und fragt: „Herr Pfarrer! Was machen Sie denn, wenn sie ‚ja' sagt?"

Die kleine Lisa darf bei einer Trauung mit in der Kirche sein. „Mama, warum hat denn die Braut so ein wunderschönes weißes Kleid an?", fragt sie die Mutter.
Die antwortet: „Weil die Braut so froh und glücklich ist, Lisa. Weiß ist die Farbe der Freude!"
Das Kind überlegt und fragt erneut: „Aber warum ist dann der Bräutigam ganz schwarz angezogen, Mama?"

Der Wastl aus einem kleinen oberbayerischen Dorf testet sein Motorrad, an dem er Monate herumgebastelt hat. Er setzt sich auf den Sattel und tritt. Er tritt und tritt, aber das Ding springt nicht an. Wütend schreit er: „Himmiherrgottkreizkruzitürkensakramentkreizkruzifix, Scheißglump elendigs!"

Da geht gerade der Herr Pfarrer am Gartenzaun vorüber, wird leichenblass und belehrt ihn: „Wastl, mit Fluchen erreicht man nichts. Sag lieber: Herrgott, hilf mir!"

Der verhinderte Motorradfahrer zieht den Kopf zwischen die Schultern und sagt folgsam: „Herrgott, hilf mir!"

Da! Peng! Im gleichen Augenblick knattert die Maschine los, der Wastl düst los, von null auf 100 in fünf Sekunden. Sprachlos schaut der Pfarrer ihm nach. Als er die Sprache wiedergefunden hat, sagt er: „Himmikreizkruzitürkensakrament! Dass das so wirkt!"

Der junge Hirsch zum reichen Blumenthal: „Herr Blumenthal, haben Sie Erbarmen und ein Einsehen mit mir. Geben Sie mir Ihre Tochter zur Frau. Ich kann nicht essen und nicht trinken und nicht schlafen. Den ganzen Tag und die ganze Nacht denke ich an sie. Wenn ich sie nicht bekomme, dann lege ich mich hin und sterbe!"

Darauf der Blumenthal: „Aber ich habe doch gar keine Tochter!"

Der Hirsch: „So ein Lump, dieser Kohl! Der hat's mir doch gesagt!"

Der Rabbiner Frauenfeld sitzt beim Mittagsmahl und wird in seiner Ruhe gestört. Ein Freund, der Pastor Fuchs aus der katholischen Kirchengemeinde, meldet sich und klagt: „Du musst mir helfen! Mein Bruder heiratet ganz überraschend, und ich soll heute die Messe lesen. Dabei habe ich nur eine Stunde später – ich weiß gar nicht, wie ich das mit dem Auto schaffen soll – hier im Ort das Begräbnis von der alten Obermeierin. Noch dazu soll ich in einer halben Stunde im Beichtstuhl sitzen. Kannst du das für mich übernehmen?"

Der Rabbi: „Bist' meschugge?"

„Keine Angst, es ist ein Kinderspiel. Komm mit mir in die Kirche, ich fange an und du übernimmst es dann." Nach einiger Zeit des guten Zuredens lässt er sich schließlich doch erweichen.

Sobald sie im Beichtstuhl Platz nehmen, kommt eine Frau und gesteht: „Vater, ich habe gesündigt."

„Und was hast du verbrochen, liebes Kind?"

„Ich habe Unzucht getrieben."

„Wie oft?"

„Zweimal."

„Gib einen Euro in den Opferstock, bete zwanzig Mal das Vaterunser und es wird dir vergeben."

Nach diesen Worten läuft der Priester davon und der Rebbe nimmt seinen Platz ein. In diesem Moment kommt eine andere Frau in den Beichtstuhl. Auch sie gesteht: „Vater, ich habe gesündigt."

„Und was hast du verbrochen, liebes Kind?"

„Ich habe Ehebruch begangen, Vater."

„Wie oft?"

„Nur einmal, Vater."

„Dann geh hin und mach es noch einmal."

„Was? Noch einmal?"

„Ja, sicherlich. Für einen Euro kannst du zweimal."

Der neue Pfarrer in einer kleinen schottischen Kirchengemeinde lässt nach seiner ersten Messe einen Korb für die Kollekte herumgehen. Als der Korb wieder beim Pfarrer ankommt, ist er immer noch leer. Da wendet sich der Pfarrer zum Altar und kniet nieder: „Lieber Gott, ich danke dir, dass wenigstens der Korb noch zurückgekommen ist.“

„**Man** darf nicht Wasser predigen und Wein trinken. Deshalb muss man auch mal auf ein Opfer verzichten können“, sagte der Pfarrherr, als er die dritte Weinflasche entkorkte.

Hochwürden steckt den Kopf unter die Motorhaube seines am Straßenrand liegen gebliebenen Autos. „Ts, ts, ts …“, hört ein kleiner Lausebengel den Priester sagen, als er vorbeiradelt. „Tja“, meint der Junge, „jetzt müsste man halt fluchen können!“

Klein Erna kommt aus der Schule nach Hause und erzählt ihrer Mutter aus dem Biologieunterricht. Der Lehrer habe gesagt, berichtet sie, dass es nicht nur zwei Geschlechter, sondern drei gebe: „Frauen, Männer und Geistliche.“

Sepp und Karl sitzen im Wirtshaus. Sagt der Sepp zum Karl: „Also, meine Frau ist ein richtiger Engel!“
Antwortet der Karl: „Da hast du Glück, mein Lieber! Meine lebt noch!“

Der Vater von John McSoby, altes schottisches Geschlecht, stirbt nach langer Krankheit. Am dritten Tag nach dem Tod des alten McSoby fragt Johns Ehefrau: „Wann, um aller Herrgotts Willen, willst du deinen ehrwürdigen Vater bestatten lassen? Wann willst du die Dudelsackpfeifer zum Trauermarsch an deines Vaters Grabstätte benachrichtigen? Wann, McSoby, willst du die Messe lesen lassen?"

McSoby windet sich: „Frau, sieh her! Ein Sarg, der kostet Geld. Ein Chor von Dudelsackpfeifern kostet Geld. Die Messe lesen lassen, kostet Geld. Die Kollekte in der Kirche kostet Geld. Der Leichenschmaus, der kostet Geld. – Warum nicht warten, bis der Onkel stirbt? Dann geht alles in einem Zug!"

Zwei Bischöfe unterhalten sich über die Bürde ihres Amtes. Der eine klagt: „Ich mache manchmal aus Sorge um meine Gemeinde und die steigende Unfrömmigkeit in der Welt nachts kein Auge mehr zu."

Der andere betrachtet ihn aufmerksam und antwortet: „Weißt du, Bruder, ich sprach einmal mit unserem Erzbischof. Er empfahl mir, auf meinen Schutzengel zu hören. Ich tat es. Und was meinst du, ist geschehen?"

„Was denn?", fragte der Bischof.

„Nun, mein Schutzengel sagte zu mir, ich solle mich nicht so wichtig nehmen. Seitdem schlafe ich ganz ausgezeichnet."

Im Beichtstuhl bekennt ein Mann seine Sünden: „Ich habe viel geflucht, aber dafür viel gebetet. Das gleicht sich aus. Ich habe viel getrunken, dafür aber oft gefastet. Das gleicht sich aus."

„Mein Sohn“, sagt der Pfarrer, „dein Fall liegt ganz einfach. Gott hat dich geschaffen und der Teufel wird dich holen. Das gleicht sich aus.“

Sepp ist grantig und böse auf den lieben Gott: „Gott, du erbarmst dich doch für wildfremde Leute! Warum nicht auch einmal für mich?“

Kalif Achmed ist ein harter Mann. Er beobachtet in einer Moschee, dass ein Gläubiger in ungerechtfertigter Eile seine Gebete herunterleiert. Da schlägt er dem Mann mit seiner Peitsche über den Rücken und befiehlt: „Noch einmal! Und diesmal langsamer!“
Der Gezüchtigte tut es.
„Nun“, fragt Achmed, „deine zweiten Gebete waren doch bestimmt viel besser als die ersten?“
„Nein, Herr“, entgegnete der Furchtsame. „Die ersten sprach ich in der Furcht vor Allah, die zweiten bloß aus Furcht vor dir.“

Ein koscheres Restaurant. Im Schaufenster hängt ein Bild von Moses. Ein galizischer Jude tritt herein – was sieht er? Der Kellner ist glattrasiert, was nach jüdischem Ritus verboten ist. Der Jude fragt misstrauisch: „Ist das hier wirklich koscher?“
Kellner: „Natürlich, sehen Sie nicht das Bild von Moses im Fenster hängen?“

Der Jude: „Das schon. Aber offen gestanden: Wenn Sie im Fenster hängen und Moses servieren würde, dann hätte ich mehr Vertrauen."

Kohn im Feinkostgeschäft:
„Verkäufer, geben Sie mir von diesem Fisch!"
„Verzeihung, mein Herr, das ist Schinken!"
„Hab ich gefragt, wie der Fisch heißt?"

Im Krieg kämpfen ein Katholik und ein Lutheraner Seite an Seite für ihr Land. Trotz ihrer unterschiedlichen Konfessionen werden die Kameraden bald gute Freunde. Aber oh weh! Eines Tages fällt der Lutheraner. Als sein Freund ihn beerdigen lassen will, erklärt ihm der katholische Dorfpfarrer: „Leider darf ich ihn nicht im Bezirk des katholischen Kirchhofs beerdigen; das ist mir untersagt. Aber er soll dicht vor dem Kirchhofszaun sein Grab haben."
So geschieht es. Der Gefallene wird im Beisein seiner Kameraden außerhalb des Kirchhofs bestattet.
Nach Kriegsende besucht der Katholik das Grab seines Freundes. Er staunt nicht schlecht, als der Pfarrer ihm einen Grabhügel innerhalb des Kirchhofzauns zeigt. Tatsächlich, der Freund ist im Friedhof, und nicht etwa außerhalb, begraben.
„Das ist schon in Ordnung so", erklärt der Pfarrer. „Zwar durfte ich die Leiche nicht umbetten, aber nirgendwo steht, dass es verboten ist, den Zaun etwas zu verschieben."

Ein Kriegsdienstverweigerer, nach seinen Gewissensgründen gefragt, erklärte: „Ich habe Angst."
Darauf bohrte die hohe Militärkommission nach: „Getötet zu werden?"
Darauf schüttelte der Kriegsdienstverweigerer mit dem Kopf: „Nein, zu töten."

Kapitel sechs:
Tanz um das Goldene Kalb

Ein Priester wird beauftragt, in einer Woche 500 Bibeln in einem kleinen Dorf zu verkaufen. Sollte er es nicht schaffen, so würde er entlassen. Also macht er sich ans Werk. Nach drei Tagen hat er aber erst zwei Bibeln verkauft. Deprimiert sitzt er in der Kirche und denkt nach, wie er die 498 restlichen Bibeln verkaufen könnte, als plötzlich ein kleiner Junge eintritt, der dem Priester helfen möchte. Der Priester gibt dem Jungen die 498 Bibeln.

Nach drei Stunden kommt der Junge wieder und möchte noch einmal 500 Bibeln verkaufen. Da fragt ihn der Priester ganz verdutzt: „Ja, wie hast du denn all die Bibeln so schnell verkauft?"

Darauf der Junge: „Ich habe gesagt, entweder lese ich Ihnen die Bibel vor, oder Sie müssen sie kaufen."

Kein Mensch will sündig sterben. So überkommt einen protestantischen Gastwirt, der durch scharfe Getränke und Spielautomaten reich geworden ist, das Gefühl, etwas Gutes tun zu müssen. Er spendet einen riesigen Scheck für die Kirche. Dies spricht sich schnell herum und der Kirchenrat diskutiert, ob man das Geld, das doch aus sündhafter Arbeit stamme, annehmen dürfe.

Am Sonntag winkt der Pastor mit dem zweifelhaften Papier von der Kanzel: „Hier ist Geld, meine Brüder, Teufelsgeld.

Aber dem Bösen ist nichts so zuwider, als dass man dem Herrn diene. Und so lege ich es denn in die Kollekte. Amen."

Eine Anzeige in einer schwäbischen Tageszeitung kurz nach Weihnachten: „Gebrauchter Weihnachtsbaum (Nordmannstanne!), nur einmal darunter gesungen (kaum geschmückt!), zu verkaufen."

Ein vornehmer Herr betritt den Beichtstuhl und kniet nieder: „Hochwürden, denken Sie, dass ich mein Seelenheil retten kann, wenn ich Ihrer Gemeinde eine halbe Million Euro spende?"
Der Pfarrer wiegt den Kopf: „Versprechen kann ich gar nichts, mein Bruder. Aber ich würde es darauf ankommen lassen!"

Ein dicker Reicher spricht sein Tischgebet: „Es gibt viel Elend auf der Welt. Manche haben Hunger, aber keine Speise. Manche haben Nahrung, aber keinen Hunger. Ich habe beides, Gott sei gelobt!"

Der Inhaber eines Kolonialwarenladens befragt seinen neuen Lehrling: „Hast du Wasser unter die Marmelade gerührt?"
„Jawohl, Herr!"
„Hast du reichlich gekochte Kartoffeln in den Heringssalat geschnitten?"
„Jawohl, mein Herr!"

„Hast du Gips unter den Zucker gemengt?"
„So wie Sie angewiesen haben, Meister!"
„Gut. Dann schließe die Ladentür und komm zur Abendandacht!"

Der irische Literat und Abenteurer Jonathan Swift war ewig klamm. Zeit seines Lebens hatte er die ärgsten Geldsorgen. Einmal wurde Swift dazu aufgefordert, eine kräftige Predigt zur Förderung eines wohltätigen Zwecks zu halten. Swift überlegte nicht lange und stieg auf die Kanzel: „Sprüche Salomonis, neunzehntes Kapitel, Vers siebzehn."
Die ganze Gemeinde lauschte gespannt, als er fortfuhr: „Wer sich des Armen erbarmt, der leiht dem Herrn, der seine Guttat lohnen wird. Die Bürgschaft ist gut, also her mit eurem Geld!"

Im Mittelalter rühmt sich ein Pfarrer, dass er mit päpstlicher Dispens nicht nur eine, sondern mehrere Pfarreien besitzen dürfe. Dieses Vorrecht würde ihm ein sehr beträchtliches Einkommen sichern. Da trifft der Pfarrer einmal einen Bettelmönch, der des Wegs daherkommt. Zwischen beiden ergibt sich ein Gespräch und der Pfarrer berichtet ihm von der päpstlichen Dispens.
Darauf der Bettelmönch abschätzig: „Bisher bist du ohne Dispens zur Hölle gefahren. Jetzt kannst du es mit Dispens."

In der Kirche beten ein Reicher und ein Bettler zu Gott. Der Reiche: „Lieber Gott, hilf mir bitte, dass ich mir einen Ferrari kaufen kann und eine wunderschöne große Villa mit Swimmingpool und Sauna."

Der Bettler: „Lieber Gott, rette mich bitte vor dem Hungertod!"

Sagt der Reiche zum Bettler: „Hier hast du 100 Euro. Verschwinde und lenke Gott nicht mit deinen Kleinigkeiten ab."

Der Vorstandsvorsitzende eines weltweit agierenden Stahlkonzerns ist gestorben. Er kommt in die Hölle. Zwei Wochen später klingelt es am Himmelstor.

Petrus öffnet, der Teufel steht vor ihm und sagt: „Nimm mir bloß den Stahlboss ab. Er hat drei Öfen stillgelegt und den Rest auf Kurzarbeit gesetzt."

Eine ältere Frau betritt eine Kirche in einer Großstadt. Ein Mann, der sich zur kurzen Besinnung in der letzten Reihe niedergelassen hatte, bemerkt, dass sie im Abstand von nur wenigen Minuten mehrere Male hereinkommt und Geld in den Opferstock wirft. Als der Mann die Kirche verlässt, erkennt er in der Frau die Inhaberin eines vor dem Kirchenportal aufgebauten Würstchenkiosks.

„Ihr Geschäft scheint zu florieren", spricht er sie an, „da Sie so viel für die Armen erübrigen."

„Ach, wissen Sie", sagt sie, „früher opferte ich unserem Herrgott täglich fünfzig Cent. Aber jetzt, nachdem ich ihn prozentual beteiligt habe ..."

Wieder einmal geht der Bischof auf Reisen, um seine Pfarrei-en zu inspizieren. Er kommt auch bei einem Ortspfarrer vorbei und hält mit seiner schweren schwarzen Limousine vor der Tür des Pfarrhauses. Der Pfarrer begrüßt ihn mit einer säuerlichen Miene und kann sich den Kommentar nicht verkneifen:
„Herr Bischof, was hätte Jesus, der ja nur einen Esel hatte, wohl zu Eurer Art des Reisens gesagt?"
Der Bischof darauf selbstbewusst und ohne mit der Wimper zu zucken: „Ich denke, er hätte anerkennend gesagt: 'Gut habt Ihr Euch entwickelt!'"

Ein Reicher kam zu einem weisen Mann. Dieser führte ihn ans Fenster. „Schau hinaus und sag, was du siehst."
„Menschen", antwortete der Reiche.
Darauf führte ihn der Weise vor einen Spiegel. „Was siehst du nun?"
„Ich sehe mich selbst", sagte der Reiche.
Da sprach der Weise: „Bedenke: Das Fenster ist aus Glas, und der Spiegel ist aus Glas. Aber das Glas des Spiegels ist mit ein wenig Silber belegt. Kaum kommt ein wenig Silber dazu, so hörst du auf, andere Menschen zu sehen und siehst nur noch dich selbst."

Kapitel sieben:
Prediger in der Wüste

Zwei Kapläne sprechen über ihre Erfahrungen aus den Jugendgottesdiensten.
„Ich glaube, ich muss meinen Predigten mehr Feuer geben, damit die Jugend mitgerissen wird", resümiert der eine Kaplan.
„Vielleicht versuchen Sie es auch einmal mit dem umgekehrten Weg", schlägt der andere vor. „Mehr Predigten ins Feuer geben."

Der Pfarrer predigt – und die ganze Gemeinde schläft. Da schreit er plötzlich: „Feuer!"
„Wo?", ruft ein unvermittelt aus dem Schlaf gerissener Besucher.
„In der Hölle!", antwortet der Gottesmann.

Der Religionslehrer fragt die Kinder, ob sie denn schon wüssten, was eine Predigt sei. Robert meldet sich und sagt: „Klar, Herr Lehrer. Eine Predigt ist die einzige Gelegenheit für den Pfarrer, wo er so richtig fluchen und schimpfen darf!"

Ihr könnt predigen, über was ihr wollt, aber prediget niemals über vierzig Minuten!
Martin Luther

Auch wenn der britische Premier Sir Winston Churchill nicht gepredigt, sondern politische Reden gehalten hat, kann man seine Definition einer Rede auf die Qualität einer Predigt übertragen und beide rhetorische Stilformen durchaus miteinander vergleichen.
Churchill sagte über einen unbegabten Kollegen im englischen Unterhaus: „Man kann ihn am besten unter jene Redner einreihen, die, bevor sie aufstehen, nicht wissen, was sie sagen, und wenn sie sich niedersetzen, nicht wissen, was sie gesagt haben.“

Ein junger Pfarrer hält seine erste Predigt. Er ist glänzend vorbereitet und hat die ganze Nacht an seiner Predigt gearbeitet. Auf einmal, mittendrin: Blackout! Der Faden ist verloren, kein Wort fällt ihm mehr ein. Er hatte doch alles auswendig gelernt. Vielleicht war genau das der Fehler.
Er bekommt einen hochroten Kopf und sagt nach etlichen Stotterern: „Als ich mit dieser Predigt begonnen habe, wussten der liebe Gott und ich genau, was ich sagen wollte. Jetzt weiß es nur noch der liebe Gott …“

Ein Pfarrer kehrt nach der Sonntagsmesse total erschöpft ins Pfarrhaus zurück und gesteht seiner Haushälterin: „Ich bin restlos erledigt.“
Die fragt: „Warum denn? Hat heute nicht der Bischof gepredigt?“
„Genau“, antwortet der Pfarrer, „zwei geschlagene Stunden!“
„Und worüber?“
„Tja, wenn ich das wüsste …“

Ein Pfarrer sitzt an seiner Predigt.

Sein Sohn sieht zu und fragt: „Woher weißt du eigentlich, was du alles schreiben sollst?"

„Das sagt mir der liebe Gott."

Darauf der Sohn: „Und warum korrigierst du dann so viel?"

Fragt ein Pfarrer seinen Kollegen: „Haben Sie meine letzte Predigt gehört?"

„Oh, wenn ich gewusst hätte, dass es die letzte war, dann wäre ich gekommen!"

Die Frau Pastorin zu ihrem Mann, bevor er am Sonntag in die Kirche marschiert: „Mach's heute recht lang, sonst wird die Gans nicht weich!"

So sehr und lautstark geschimpft hat der Herr Pfarrer bei seiner Predigt noch nie. Da stößt der Huber-Bauer seinen Sitznachbar unsanft in die Seite und grummelt: „So schlecht sind wir auch wieder nicht! Der ist heute bloß so grantig, weil wir ihm beim Kartenspielen gestern Abend fünf Euro abgeknöpft haben."

Die Predigt hat die Gemeinde zutiefst gerührt. Viele schluchzen und jammern. Nur einer sitzt teilnahmslos da, als ob ihn dies alles nichts anginge.

Da stößt ihn sein Nachbar an: „Ja sagen Sie einmal, haben Sie denn überhaupt kein Gefühl?"
Der Gefragte antwortet brummig: „Ich bin nicht aus dieser Pfarrei."

Am Samstagabend fragt der Pfarrer den Kaplan, worüber er zu predigen gedenke.
Der Kaplan: „Ich dachte an die Tugend der Sparsamkeit!"
Der Pfarrer: „In Ordnung, aber wir werden die Kollekte wohl besser vorher einsammeln!"

Von einem Tag auf den anderen kommt ein unbekannter Jude immer wieder in die Synagoge und lauscht den Worten des Rabbi andächtig. Bei seinen Predigten bricht der Besucher in Tränen aus und weint erschüttert. Der Rabbi nimmt an, dass er ein neues und gläubiges Gemeindemitglied gewonnen hat und kommt eines Tags auf den Juden zu: „Du hast in deinem ganzen Wesen den Wert und die Macht des Glaubens und das Wort Gottes erfasst. Ist es nicht so, mein Sohn?"
Der andere antwortet: „Oh! Ich besaß dereinst eine Ziege, die ich über alles liebte. Sie ist tot. Du aber erinnerst mich an sie, wenn du dich ereiferst und dein Bart erzittert, und ich kann die Tränen schmerzlicher Erinnerung nicht zurückhalten."

Der Pfarrer donnert von der Kanzel auf die Dorfjugend herab: „Und ich warne euch, meine jungen Brüder und Schwestern, ausdrücklich und sehr ernst vor dem Genuss der Zigarette. Auf die erste Zigarette folgt zwangsläufig das erste Glas Alkohol, und auf den Alkohol folgt ganz selbstverständlich die erste Sünde mit einer Frau."

Da flüstert ein jugendlicher Zuhörer seinem Nachbarn ins Ohr: „Wo bitte kann man diese tolle Zigarette kaufen?"

Einem Pfarrer wurde vor der Predigt ein Brief überreicht. In dem stand nur ein einziges Wort: „Blödmann!".

Er berichtet bei der Predigt der Gemeinde von dem Brief und fasst zusammen: „Ich kenne viele Beispiele dafür, dass jemand einen Brief schreibt und dann vergisst, ihn zu unterschreiben. Aber das ist der erste Fall, dass jemand seinen Namen aufschreibt und vergisst, den Brief zu schreiben."

Der Bischof kann einen bestimmten Ortspfarrer nicht leiden. Bei einem Besuch in der Kirche der Pfarrei entdeckt er einen bösen Schimmel unter der Kanzel. „Der kommt wohl von Ihrer nassen Aussprache, Herr Pfarrer?"

Darauf der so Gerügte: „Er würde bestimmt schnell zurückgehen, wenn Sie hier regelmäßig Ihre trockenen Predigten hielten!"

„Ich habe euch, liebe Gemeinde", beginnt der Pastor seine Predigt, „gebeten, über die große Sünde der Lüge nachzudenken. Und damit ihr besser versteht, was ich meine, habe ich euch am vorigen Sonntag aufgefordert, das 25. Kapitel des zweiten Buches Samuel zu lesen. Wer hat es gelesen?"

Spontan heben alle ihre Hände hoch. Da fängt der Pastor zu schimpfen an und lässt an seiner Gemeinde kein gutes Haar mehr, so dass alle mit hängenden Köpfen aus der Kirche schleichen.

„Warum haben Sie das getan, Herr Pastor?", fragt der Kastellan. „So schlecht sind die Leute doch auch wieder nicht."

„Doch, Sie sind schlecht", antwortet der Pastor entrüstet. „Das zweite Buch Samuel hat nur 24 Kapitel."

Eine dreiköpfige deutsche Reisegruppe wird während einer Wüstensafari von räuberischen Beduinen entführt. Da der Versuch scheitert, Lösegeld von der Bundesregierung zu erpressen, beschließen die Beduinen, ihre Entführungsopfer – ein Mitglied der Deutschen Kommunistischen Partei, einen Pfarrer und seinen Mesner – zu erschießen.

Da die Beduinen jedoch keine Unmenschen sind, darf jeder noch einen letzten Wunsch vor seinem Tode äußern.

Der Kommunist: „Ich möchte noch ein letztes Mal die Internationale hören."

Der Pfarrer: „Ich will noch eine allerletzte Predigt für euer Seelenheil halten!"

Der Mesner: „Bitte erschießen. Sofort!"

Ein wichtigtuerischer Dorfpfarrer pflegt seine Predigten mit den Worten berühmter Dichter auszuschmücken. Eines Tages nimmt ein älterer fremder Herr ziemlich weit vorn in der Kirche Platz. Der Pfarrer hat gerade den dritten Satz vollendet, als der Fremde laut und deutlich sagt: „Das ist von Goethe!"

Der Pfarrer ist irritiert, runzelt die Stirn, fährt aber gleich darauf fort. Nach ein paar weiteren Sätzen bemerkt der Fremde: „Das ist von Schiller!"
Der Pfarrer kommt zunehmend aus dem Konzept und setzt seine Predigt nur mühsam fort. Eine Minute später hört er den Fremden sagen: „Das ist von Kant!"
Jetzt wird es dem Pfarrer zu bunt. Er zischt den Fremden an: „Könnten Sie vielleicht langsam mal die Klappe halten!"
Der ältere Herr sieht den Prediger ruhig an und sagt trocken: „Endlich mal etwas, das von Ihnen ist!"

Ein Pfarrer predigt und predigt und predigt. Plötzlich steht einer der Zuhörer auf und geht. Der Pfarrer ruft ihm nach: „Wohin gehen Sie?"
„Zum Friseur!"
„Warum haben Sie das nicht vor dem Gottesdienst gemacht?"
„Da waren die Haare noch nicht so lang …"

Ein Kaplan hat vor seiner ersten Predigt ziemliches Lampenfieber. Er fragt den Pfarrer, was er dagegen tun könne. Der rät ihm, vor dem Spiegel zu üben und zur Beruhigung einen Schnaps zu trinken, und zwar immer dann, wenn er das „Zittern" bekäme. Er selbst habe das in seiner Anfangszeit auch immer so gemacht. Nachdem der Kaplan ein Dutzendmal gezittert hat, besteigt er die Kanzel.
Nach Beendigung des Gottesdienstes ist der Kaplan beim Pfarrer zum Essen eingeladen und fragt ihn, was er von seiner Rede

gehalten habe. Der Pfarrer lobt die Rede sehr, aber erklärt dem Kaplan, dass er leider zehn Fehler begangen habe:

„Erstens: Eva hat Adam nicht mit der Birne verführt, sondern mit dem Apfel.

Zweitens: Kain hat Abel nicht mit der Pistole erschossen, sondern er hat ihn erschlagen.

Drittens: Es heißt nicht 'Berghotel', sondern 'Bergpredigt'.

Viertens: Jesus ist nicht an der Kreuzung überfahren worden, sondern er ist ans Kreuz geschlagen worden.

Fünftens: Gott opferte seinen Sohn nicht den Eingeborenen, sondern seinen eingeborenen Sohn.

Sechstens: Es ging nicht um den warmherzigen Bernhardiner, sondern um den barmherzigen Samariter.

Siebtens: Es heißt nicht: 'Sucht mich nicht in der Unterführung', sondern: 'Führe mich nicht in Versuchung'.

Achtens: Sie hätten nicht sagen sollen: 'Dem Hammel sein Ding', sondern: 'Dem Himmel sei Dank!'

Neuntens: Verkehrt war auch: 'Jesus, meine Kuh frisst nicht'. Es hätte heißen müssen: 'Jesus meine Zuversicht'.

Zehntens: Und zum Schluss heißt es nicht 'Prost', sondern 'Amen'."

Kapitel acht:
Glauben und Wissen

Ein jüdischer Architekt bewirbt sich um den lukrativen Auftrag, eine neue evangelische Kirche zu bauen. Nach dem Studium aller Angebote in der Ausschreibung gefallen seine Pläne dem Kirchenvorstand am besten. Trotzdem würden seine Mitglieder den Auftrag lieber an einen Angehörigen des eigenen Glaubens vergeben. Dies wird dem jüdischen Architekten behutsam nahegebracht. Dieser jedoch schmunzelt und antwortet zur Verblüffung der Anwesenden: „Wo sehen Sie Differenzen? Dass Jesus lebte, predigte und Kranke heilte, glaube ich. Dass Jesus Tote erweckte, glaubt mein christlicher Zeichner. Dass er am Kreuze litt und starb, glaube ich. Dass er auferstand und zur Rechten Gottes sitzt, glaubt mein christlicher Zeichner. Dass seine Mutter Maria und sein Vater Josef hieß, glaube ich … und dass Maria Jungfrau war, glaubt die Firma."

Das amerikanische Multitalent Benjamin Franklin klopft an die Himmelspforte. Petrus öffnet und bittet ihn herein. Franklin gesteht verlegen, dass er keinen richtigen Glauben besitze, außer den, dass er an die Naturgesetze und an die Achtung vor den Menschen und vor allen Lebewesen glaube. Petrus, der für gewöhnlich alle Ankömmlinge zunächst in Quarantäne nimmt und dann den richtigen Konfessionen zuweist, die in verschiedenen Bereichen des Himmels leben, streicht sich den Bart, zeigt flugs über die Schulter und grummelt: „Geh, wohin du willst!"

Zwei römische Polizisten beobachten den Verkehr. Von den beiden ist einer atheistisch eingestellt. Sie sehen zwei Priester auf einer Vespa vorbeifahren.
„Komm", sagt der Atheist zum Kollegen, „wir verfolgen mal die zwei für eine Weile. Und wenn die was Falsches machen, ist sofort ein Strafzettel fällig".
Und so verfolgen die zwei die Priester quer durch die ganze Stadt. Aber die zwei Priester machen alles korrekt: Sie halten die Höchstgeschwindigkeit ein, halten vorm Zebrastreifen, nehmen niemandem die Vorfahrt weg ...
Die Polizisten können das kaum glauben und lassen sie anhalten. „Sagen Sie mal", sagt der eine zu den Priestern, „wir haben Sie eine ganze Weile verfolgt, und Sie haben kein einziges Mal gegen die Verkehrsordnung verstoßen. Das erleben wir so selten, dass das an ein Wunder grenzt. Wie machen Sie das?"
„Ganz einfach, mein Sohn", antwortet einer der Priester, „wir tragen stets Jesus Christus bei uns", und zieht ein Kruzifix aus der Brusttasche.
„Aha! Das wusste ich doch", sagt der atheistische Polizist, „drei auf einer Vespa! Das macht 300 Euro!"

Ein Atheist geht ins Museum. Er sieht sich die Gemälde an und bleibt schließlich vor Rubens „Die Heilige Familie auf der Flucht" stehen.

Lange betrachtet er das Bild. Dann wendet er sich seinem Begleiter zu und sagt:
„So sind die Christen! Seit Jahrhunderten erzählen sie den Leuten, Maria und Josef seien so arm gewesen, dass Maria noch ihr Kind in einem Stall hat zur Welt bringen müssen. Aber um sich von Rubens malen zu lassen – dafür hatten sie Geld genug!"

Der Andrang vor der Himmelstür ist heute besonders groß. Zehntausende aus allen Teilen der Erde kommen zugleich und schwadronieren von ihrem jeweiligen Glauben. Petrus sieht mürrisch aus dem Fenster und lässt sie warten. Die Menge steht, friert und streitet sich. Auf einmal jedoch beginnt ein lautstarkes und gemeinsames Singen:
„Wir glauben alle an einen Gott!"
Da schreit Petrus: „Na endlich, Bande!", und öffnet die Pforte.

Karl Blau aus Lodz ist von der ersten Unterrichtsstunde in Marxismus-Leninismus komplett verwirrt. Er geht zum Rabbi und fragt, ob er ihm die Sache an einem Beispiel erklären könne: „Zwei Dachdecker fallen durch meinen Kamin und landen in meinem Zimmer. Der eine ist schmutzig, der andere sauber. Wer von den beiden wird sich jetzt waschen? Wahrscheinlich doch der Schmutzige?"
Der Rabbi denkt nach und antwortet: „Das ist falsch. Du irrst mein Sohn. Also höre: Der Schmutzige schaut sich den Sauberen an und denkt, er ist selbst sauber. Der Saubere schaut zugleich den Schmutzigen an und denkt, er sei selbst schmutzig

91

und geht sich waschen. Oder aber der Schmutzige geht sich waschen, weil er von Natur aus ein reinlicher Mensch ist, und der Saubere wäscht sich nicht, weil er eben von Natur aus kein sauberer Mensch ist. Oder aber beide gehen sich waschen, weil beide von Natur aus reinliche Menschen sind. Oder beide gehen sich nicht waschen. Der Schmutzige geht sich ja nie waschen und der Saubere muss sich ja nicht waschen gehen."
„Oh mein Gott!" Wie soll ich mich da jemals auskennen?", ruft Karl Blau.
„Siehst du, mein Sohn. Das ist Dialektik!"

Ein weiser Meister sagt zu seinem Lehrling: „Du musst an Gott glauben, trotz allem, was dir die Geistlichen sagen!"

Ein Priester hält eine geharnischte Predigt. Das Thema: die Armut in der Welt und die Speisung der Fünfhundert. Nach dem Gottesdienst erlaubte sich ein Kollege den Hinweis, fünftausend seien gesättigt worden. Da erwiderte der Gerügte: „Es ist schwer genug, sie an fünfhundert glauben zu lassen."

Ein schwerreicher Mann, der sein ganzes Leben lang nicht mit einem besonders starken Glauben aufgefallen war, wird sterbenskrank und legt sich nieder. Da holt seine Frau den Pfarrer und bittet ihn herzlich, den schwankenden Glauben ihres Mannes zu festigen.
Der hört die Worte des Geistlichen und öffnet die Augen, um seine Frau zu fragen: „Sag, muss man das glauben?"

Seine Frau erwidert: „Ja, das muss man glauben!"
Darauf schließt der sterbende Mann die Augen und murmelt:
„Gut, dann glauben wir's halt."

Ein weiser Mann wird gefragt, ob er an das Tischrücken glaube.
Der Weise: „Warum nicht. Der Klügere gibt doch bekanntlich
nach."

„Bitte sagen Sie den Engeln beim Jüngsten Gericht, sie mö-
gen die Posaunen kräftig blasen, denn ich bin schwerhörig",
sagte ein frommer Mann zum Priester auf seinem Sterbelager.

Der Herr Pastor im Norddeutschen hat es gut. Er weiß immer,
wo es was Gutes zu essen gibt. Und nun sitzt er wieder einmal
bei Frau Schlüter vor einer guten Tasse Kaffee und schönem
Bauernstuten.
Der Pastor lobt den frommen Eifer der Bäuerin: „Ja, Frau
Schlüter, Ihnen wird gewiss einst ein schöner Lohn werden
für Ihren unerschütterlichen und tiefen Glauben."
Frau Schlüter nickt zustimmend: „Ja, Herr Pastor, 'n starken
Glauben, den hab ich. Ich glaub alles, ob es wahr is oder nich."

Ein steinreicher englischer Reeder will eine ebenso reiche Frau
heiraten, die die Güter ihres Vaters geerbt hat. Es gibt aber
eine Schwierigkeit, auf die ihn die Familie seiner Zukünftigen
aufmerksam macht: Sie ist nämlich katholisch, er aber gehört

keiner Konfession an. Nun erklärt er sich bereit, sich in die Kirche aufnehmen zu lassen. „Besorgt mir nur schnell die Formulare", ruft er, „ich will alles unterschreiben."

Die Familie belehrt ihn darauf, dass er erst Konvertitenunterricht nehmen müsse. Der reiche Mann: „Wenn's weiter nichts ist!" Und nimmt daran teil.

Als er zum zweiten Mal den Pater aufsucht, fragt ihn dieser, wie viele Personen es in Gott gebe.

Mit seinem gewinnendsten Lächeln antwortet der Reeder: „Oh, so viele Sie wollen."

In New York gibt es eine äußerst exklusive Kirche, die ausschließlich von sehr reichen und sehr gebildeten Leuten besucht werden darf. Als eines Tages der Pastor dieser Kirche gerade das Portal schließt, kommt ein Farbiger des Weges, bleibt stehen und spricht ihn an: „Glauben Sie, Sir, dass ich hier auch einen Platz, einen ganz bescheidenen, in einer Kirchenbank bekommen könnte?"

Der Pastor, ein Herr von vornehmer Erscheinung, zögert.

„Hm, wissen Sie", sagt er stockend, „ich bin mir nicht sicher, ob – äh – ob unsere Gemeinde – äh – einen farbigen Herrn aufnehmen möchte. Wollen Sie nicht zunächst nach Hause gehen und zum Allmächtigen um Licht in dieser Angelegenheit beten?"

Der Farbige folgt dem Rat des Pastors. Nach zwei Wochen ist er wieder da und wartet den Pastor abends erneut ab. Der Pastor darauf unbehaglich: „Nun, haben Sie zum Allmächtigen gebetet? Was hat er Ihnen denn gesagt?"

„Natürlich", antwortet der Farbige. „Und der Allmächtige hat geantwortet: Mister Jones, seien Sie ja nur vorsichtig mit dieser sehr exklusiven Kirche. Wahrscheinlich kommen Sie nicht hinein. Ich selbst versuche seit zwanzig Jahren hineinzukommen, und es ist mir bis zum heutigen Tage nicht gelungen."

Voltaire traf einen Priester, der die Sterbesakramente bei sich trug. Der Philosoph trat beiseite und zog seinen Hut. „Sieh an!", sprach der Geistliche. „Versöhnt mit dem Herrn?" Voltaire lächelte: „Wir grüßen einander."

Ein angesehener Philosoph und ein Bischof streiten sich bei einer Talkshow über die Wahrheiten der Philosophie und der Theologie. Der Bischof spottet scharfzüngig: „Der Philosoph sucht in einem dunklen Raum eine schwarze Katze, die es gar nicht gibt."
Darauf gibt der Philosoph schlagfertig zurück: „Und Ihr Theologen sucht in einem dunklen Raum mit verbundenen Augen eine pechschwarze Katze, die gar nicht da ist und plötzlich schreit Ihr: Hier, ich hab' sie!"

Gott ist neugierig. Deshalb hat er einen berühmten Theologen und Philosophen sehr lange leben lassen, um möglichst viel über sich zu erfahren. Eines Tages muss aber auch dieser Mann an die Himmelspforte klopfen. Petrus begrüßt ihn freudig, führt aber trotzdem die übliche Prüfung durch, die jeder bestehen muss, der in den Himmel einziehen will. Der kluge Mann zeigt sich natürlich nicht nur sicher in allen Glaubensfragen, sondern stellt dazu viele Gegenfragen und verwickelt Petrus in einen theologisch-wissenschaftlichen Disput.

Schließlich ruft Petrus entnervt den Erzengel Michael herbei, um den Neuzugang sogleich zum Heiligen Geist führen zu lassen, damit dieser die Prüfung fortsetze. Erzengel und Theologe ziehen ab und Petrus wundert sich bald, warum es so lange dauert und Michael überhaupt nicht wiederkommt.

Auf einmal hört er hinter einer großen weißen Wolke laute Worte, Rufen, Schreien und einen immer heftiger werdenden Streit. Plötzlich stürzt der Erzengel herbei.

Petrus fragt erschrocken: „Was ist denn um Himmels willen los? Der Mann ist doch nicht etwa durchgefallen?"

Darauf der Erzengel: „Nein, der nicht – aber der Heilige Geist."

Zwei eng miteinander befreundete Theologen haben ein Leben lang über das große Thema der Theologie nachgedacht, nämlich über die letzten Dinge. Falls einer von ihnen sterben würde, verabreden sie, dass der Verstorbene dem Lebenden erscheinen und ihm melden solle, ob ihre Mutmaßungen über das Jenseits zuträfen. So geschieht es.

Der Lebende fragt den ihm erschienenen verstorbenen Mitbruder und Kollegen: „Talfiter qualiter?" – Nun, ist es so?

Der antwortete: „Totaliter aliter." – Alles ist ganz anders.

Der berühmte Prof. Dr. theol. Dr. phil. Dr. jur. can. Josephus Linus van der Straaten hat ein umfassendes dreibändiges Werk über „Das Schicksal der konvertierten vegetarischen Berufsschullehrer unter Berücksichtigung der Lehre der griechischen, syrischen und armenischen Kirchenväter" vorgelegt. Zwei andere Theologieprofessoren unterhalten sich darüber.

Meint der eine: „Wer will denn das schon lesen. Doch nicht einmal die drei oder vier Spezialisten, die es dazu weltweit gibt!"

Darauf der andere: „Moment! Würdige van der Straatens Verdienste nicht herab! Immerhin weiß Gott jetzt, wie er sich in diesen schwierigen Fällen zu verhalten hat."

Ein weiser Mönch führt ein Gespräch mit seinem Novizen. „Aus allem können wir etwas lernen", sagt der Weise. „Nicht nur alles, was Gott erschaffen hat, vermag uns zu lehren, auch alles, was der Mensch selbst gemacht hat."

Da fragt der Novize zweifelnd: „Ehrwürdiger, was aber können wir vom Telegramm lernen?"

„Dass jedes Wort zählt und angerechnet wird."

Der Novize gibt nicht nach: „Und vom Telefon?"

„Dass man dort hört, was wir hier reden."

Der Novize: „Und von einem versteckten Tonbandgerät?"

Darauf der Mönch lächelnd: „Dass auch unsere geheimsten Reden in Ewigkeit bewahrt bleiben."

Ein Bergsteiger rutscht aus und kann sich gerade noch an einem winzigen Felsvorsprung festhalten. Als seine Kräfte nachlassen, blickt er verzweifelt zum Himmel und fragt: „Ist da jemand?"

„Ja."

„Was soll ich tun?"

„Sprich ein Gebet und lass los."

Der Bergsteiger nach kurzem Überlegen: „Ist da noch jemand?"

Ein Skeptiker besucht eine Kirche. Als er vor dem Altar das Knie beugt, reibt sich sein Begleiter überrascht die Augen.

„Ich denke, du glaubst gar nicht an Gott?"

„Das tue ich auch nicht, aber weiß ich denn, ob ich recht habe?"

Unterhalten sich drei weitläufige Bekannte in einer Kneipe über Gott und die Welt. Sagt der eine: „Ich bin, Gott sei Dank, Atheist." Bald darauf schaut er auf seine Armbanduhr und ruft: „Herrje, es schlägt schon elf! Ich muss gehen. Tschüss!"

Der erste der beiden Verbliebenen schaut ihm lächelnd nach und sagt: „Einen frömmeren Mann habe ich noch nie gesehen."

„Wieso?", meint der andere verblüfft, „er hat doch gerade gesagt, er sei Atheist!"

Da lächelt der erste noch inniger: „In nur fünfzehn Wörtern hat er es geschafft, dreimal fromm zu sein: Er dankte Gott; rief den Herrn Jesus an, wobei er aus Ehrfurcht vor dem heiligsten Namen sogar die zweite Silbe weglie; und schließlich befahl er uns beide Gott, denn ,Tschüss' kommt vom französischen 'à Dieu'."

Zwei Männer sitzen in einem Restaurant. Der eine schimpft heftig gegen das Christentum und die Kirche. „Meiner Ansicht nach benötigt die Menschheit weder das eine noch das andere."

Da sagt der zweite Mann: „Ob Sie an Gott glauben oder nicht, das ist das eine. Viel wichtiger ist eine andere Frage."
„Welche Frage denn?", will der Kritiker wissen.
„Ob Gott an Sie glaubt."

Bürgermeister und Pfarrer einer ostdeutschen Kleinstadt treffen sich zu DDR-Zeiten auf der Straße. Der Bürgermeister ist bekanntermaßen Atheist und SED-Mitglied. Bei ihrer Begegnung eröffnet der Pfarrer: „Sie glauben also an gar nichts!"
„Ich glaube nur an das, was ich mit meinem Verstand begreifen kann", erklärt der Bürgermeister.
Der Pfarrer kühl: „Na ja, läuft das nicht ziemlich aufs Gleiche hinaus?"
Darauf der Bürgermeister: „Wenn ich Gott nicht sehen kann, dann leugne ich auch seine Existenz!"
„Gut", entgegnet der Pfarrer, „dann leugne ich auch Ihren Verstand – aus dem gleichen Grund!"

Eine Frau ist verzweifelt. Sie sucht den Rat eines Geistlichen. „Hochwürden, mir geht es gut, ich bin optimistisch, meine Kinder sind optimistisch, mein Mann ist optimistisch. Wir haben ausreichend Geld, um unsere Wünsche zu erfüllen, die Kinder schreiben ausnahmslos gute Noten. Wir haben ein schönes Haus und zwei Autos – bitte helfen Sie mir!"

Lange vor dem Niedergang des Ostblocks wird ein polnischer Diplomat im Westen gefragt:

„Sind Sie katholisch?"

„Gläubig, aber nicht praktizierend."

„Ach ja, stimmt. Sie sind ja Kommunist."

Hierauf der Pole: „Praktizierend, aber nicht gläubig."

Ein Pfarrer beklagt sich vor der Wende in einer Diskussion über die Gottlosen. Jemand wendet ein: „Es gibt doch gar keine Gottlosen."

„Aber ich bitte Sie", protestiert der Pfarrer, „denken Sie doch nur an die Kommunisten!"

„Auch dort gibt es keine Gottlosen", beharrt der andere. „Denn solange ein Mensch lebt, bleibt Gott ihm nah, auch wenn er es nicht weiß oder das gar nicht will. Gott wird er niemals los."

„**Unser** Rabbi spricht mit Gott selbst", berichtet Kohn.

„Das ist doch nicht wahr!"

Kohn erbost: „Aber natürlich! Würde Gott etwa mit einem Lügner sprechen?"

Nicht nur der Glaube, auch andere abstrakte Disziplinen, wie etwa die moderne Physik, stoßen beim Menschen an die Grenzen der Fassbarkeit. Eines Tages sprach Albert Einstein vor einem ausgewählten Kreis über seine berühmte spezielle Relativitätstheorie.

Ein zweifelnder Zuhörer stand auf und rief selbstbewusst: „Mein gesunder Menschenverstand lehnt alle Dinge ab, die man nicht sehen kann!"

Einstein konterte kühl: „Kommen Sie doch bitte nach vorne und legen Sie Ihren gesunden Menschenverstand hier auf den Tisch!"
Gelächter.
Ruhe.

„Gott sei Dank", ruft eine Kolchos-Bäuerin in der ehemaligen Sowjetunion, „es kommt endlich Regen!"
„Aber Genossin", korrigiert der Leiter der Kolchose, „du weißt doch, einen Gott gibt es Gott sei Dank nicht!"
„Sicher Genosse, aber wenn es nun – was Gott verhüten möge – doch einen gibt?"

Kapitel neun:
Einfältiges und
Dreifaltiges

„Oh Gott", berichtet Frau Müller ihrem Mann, „wir haben vergessen, Tante Else zu unserem Gartenfest einzuladen! Ruf sie doch gleich an, sie möchte gerne kommen!"
Herr Müller greift sich sofort das Telefon und bittet ausführlich um Entschuldigung wegen der verspäteten Einladung.
„Ach, ich wusste schon davon", unterbricht ihn die Tante, „Frau Meier hat mir gestern beim Einkaufen davon erzählt. Jetzt ist es aber leider schon zu spät. Ich habe um Regen gebetet."

Wann haben die letzten freien Wahlen stattgefunden? Im Paradies.
Gott zeigte Adam die Eva und sagte: „Du kannst wählen."

„Meier, Sie sitzen ja auf dem Gaul wie Orpheus auf der Euridike!", ruft der Unteroffizier in der Reitstunde dem Rekruten zu.
In diesem Augenblick betritt der Offizier die Reithalle und holt sich seinen Offizier beiseite: „Mein lieber Unteroffizier

Brugger – Ihre Bibelkenntnisse in Ehren, aber Gottes Wort wollen wir doch lieber aus der Reitbahn lassen."

Zwei stadtbekannte Lausbuben stehen an der Kirchenpforte. Das frisch vermählte Paar tritt feierlich heraus und strahlt. „Soll ich die mal erschrecken?", fragt der eine. „Wie denn?", meint der andere. „Papa, Papa!", ruft sein Spezl und läuft auf den Bräutigam zu.

Kevin kommt aus der Schule. Als ihn seine Mutter fragt, was er gelernt habe, erzählt er: „Gott ist ein Quirl!" Mutter meint, das könne ja gar nicht sein, aber Kevin besteht darauf, und man einigt sich darauf, dass er in der nächsten Religionsstunde noch mal fragt. Eine Woche später, als er wieder heimkommt, fragt die Mutter: „Na, wie ist das nun mit dem Quirl?" Kevin: „Ja, ja, du hast ja recht, Gott ist ein Schöpfer – aber ich wusste, dass es irgendwas aus der Küche ist!"

Der Religionslehrer erzählt die Geschichte von Jakobs Traum. Da fragt Mäxchen, warum die Engel, die doch fliegen können, eine Leiter benötigten. Darauf will der Lehrer, dass alle Schüler über die Antwort auf diese Frage nachdenken. Georg meldet sich nach zwei Minuten und meint: „Es gibt nur eine Erklärung: Sie hatten die Mauser."

Zwei Engel sitzen flötend auf einer Wolke.
Fragt der eine: „Warum sind Sie hier?"
„Na ja, das kam so: Im Auto, auf einer kurvenreichen Straße, sagte meine Frau zu mir: 'Wenn du mich jetzt mal fahren lässt, bist du ein Engel!'"

Beim Elternsprechtag hält der Pfarrer dem Vater des kleinen Bernd vor, dass sein Sohn alles andere als bibelfest ist: „Stellen Sie sich vor, ich habe gefragt, wer die vier Evangelisten sind. Und Ihr Junge hat geantwortet: Basti und Schweini ...!"
Darauf erwidert der Vater: „Seien Sie doch froh, dass er wenigstens zwei gewusst hat!"

Ein alter Bauer fragte eines Tages einen hohen Herrn: „Dein Leben ist Kampf. Aber wofür kämpfst du eigentlich?"
Dieser antwortete: „Für das Evangelium."
Der Bauer strich sich den Bart und meinte: „Ich fürchte, dein Schwert wird abstumpfen."
Darauf der Herr: „Wenn mein Schwert stumpf wird, schärfe ich es wieder am Evangelium."
Der Bauer: „Dann wundere ich mich auch nicht mehr, dass unser Evangelium mehr und mehr abgenutzt wird."

Max trifft den neuen Pfarrer auf der Straße. Der kennt sich im Ort noch nicht so gut aus und fragt deshalb Max, wo der Supermarkt sei.
„Ich weiß es, aber ich sag es nicht", antwortet Max.

„Du bist aber kein lieber Junge", sagt der Pfarrer, „du kommst sicher nicht in den Himmel."
Darauf sagt Max: „Und du nicht in den Supermarkt!"

Der Sohn fragt seinen Vater: „Papa, kannst du mir sagen, wer Hamlet war?"
„Natürlich, mein Sohn, aber du sollst ja lernen, drum hol dir die Bibel und sieh selbst nach!"

Der Oberrabbiner von Jerusalem ist auf Dienstreise in England. An einem Morgen wacht er sehr früh auf. Es ist Jom-Kippur, immerhin der höchste jüdische Feiertag, an dem außer Beten und Fasten alle anderen Aktivitäten schwer verboten sind. Der heilige Mann tritt auf den Balkon seines Hotels und blickt direkt auf den Golfplatz. Da denkt er heimlich: „So früh am Morgen wird mich keiner entdecken!"
Gesagt, getan. Er packt seine Golfausrüstung zusammen und marschiert zum Abschlag am ersten Loch.
Oben im Himmel sagt Petrus zu Gott: „Siehst du, was unser Freund, der Oberrabbiner von Jerusalem, am Jom-Kippur macht? Willst du ihn dafür nicht bestrafen?"
Gott nickt. Der Oberrabbiner schlägt ab und versenkt den Golfball beim ersten Schlag im Loch: ein „Hole-in-one", das allergrößte und allerseltenste Ereignis für einen Golfer.
Petrus: „Das verstehe ich nicht! Du wolltest ihn doch bestrafen und jetzt gewährst du ihm einen glänzenden Erfolg?!"
Gott: „Ich habe ihn doch bestraft. Denn wem kann er das jetzt erzählen?"

Die Bauern der Ortschaft Mitterndorf in der Obersteiermark
haben mit ihrem unfreiwilligen Humor eine Inschrift an einem
Kreuz angebracht. Zugleich stellen sie die Geschichte richtig.
Denn da steht geschrieben:
Dieses Kreuz ist aufgericht'
Zu Ehren des Herrn Jesus Christ
Der für uns gekreuzigt ist
Von den Bauern dieser Gemeinde.

Ein jüdischer Geschäftsmann gab seiner Frau den Auftrag,
das Haus festlich zu beleuchten, und zwar immer dann, wenn
er schlechte Geschäfte gemacht hatte. Ging es hingegen gut,
dann sollte sie nur eine einzige kleine Kerze anzünden. „Wenn
es mir schlecht geht, dann sollen sich die anderen auch är-
gern", erläuterte er seiner Frau. „Und das tun sie natürlich,
wenn sie denken, dass es mir gut geht. Deshalb die festliche
Beleuchtung."
„Wenn es mir aber gut geht", so der Geschäftsmann weiter,
„dann gönne ich den anderen auch eine kleine Freude, und
sie freuen sich natürlich, wenn sie denken, dass ich mir nicht
einmal mehr ein paar Kerzen leisten kann."

Der Pfarrer fragt Mäxchen: „Was ist deiner Meinung nach
schneller: ein Pferd oder eine Brieftaube?"
Darauf das Mäxchen: „Zu Fuß: ein Pferd."

Ein großes Passagierschiff geht unter und alle kommen um. Nur zwei Prediger nicht. Sie landen heil am Ufer und freuen sich. Einer der Retter fragt sie: „Wie habt ihr das bewerkstelligt?"

Da erklären sie: „Ganz einfach. Als das Schiff sank, waren wir gerade mitten in einem Gespräch, und dann haben wir einfach immerzu weitergeredet, bis wir am Ufer waren."

Eine Nonne ist mit dem Auto auf einer einsamen Landstraße unterwegs. Plötzlich geht ihr das Benzin aus. Einen Reservekanister hat sie nicht dabei, nur einen alten Nachttopf, den sie längst auf den Müll werfen wollte. Mit dem macht sie sich zu Fuß auf den Weg zu einer nicht weit entfernten Tankstelle und lässt ihn befüllen. Zurück am Auto leert sie den Inhalt des Nachttopfs in den Tank.

Da hält ein anderer Autofahrer und meint: „Gute Frau, Ihren Glauben möchte ich haben."

Mitten in der Nacht gegen halb zwei klingelt das Telefon beim Pfarrer. Schlaftrunken nimmt er den Hörer ab.

„Hallo", lallt einer am anderen Ende der Leitung, „spreche ich mit'm Wirt vom Schwarzen Adler? Wir bräucht'n noch zwei Kästen Bier!"

„Nein, hier ist der Pfarrer von St. Michael!" entrüstet sich der Geistliche.

„Ja, auch nicht schlecht", tönt es aus dem Telefonhörer, „aber was tut denn um die Zeit unser Pfarrer noch im Wirtshaus?"

Der sechsjährige Markus begleitet seine Eltern in die Kirche und fragt auf dem Nachhauseweg: „Stimmt es, Papa, dass alle Menschen, wenn sie einmal gestorben sind, zu Asche werden?" Sein Vater nickt. Darauf staunt der Drei-Käse-Hoch: „Wahnsinn! Dann müssen unter meinem Bett aber schon viele Menschen gestorben sein!"

Eine Hochzeit. „Reicht euch die Hände!", sagt der Pfarrer. „Von nun an seid ihr Mann und Frau."
Fragt der junge Bräutigam irritiert: „Ach nee, was waren wir denn vorher?"

Der Pfarrer spaziert am Sonntagnachmittag durch die Fußgängerzone und sieht einen Obdachlosen vor dem Kaufhaus sitzen. „Da", sagt der Geistliche und drückt dem stadtbekannten Trinker einen Euro in die Hand, „aber kauf mir bloß keinen Branntwein von dem Geld!"
„Ihnen? Aber wo denken Sie hin, Herr Pfarrer!"

Noah hat mal wieder die Arche inspiziert und kommt zu seiner Frau in die Küche zurück.
„Sag' mal, wir hatten doch auch zwei Gänse mit in die Arche genommen, ich hab nur eine gezählt."
Antwortet seine Frau: „Mein Lieber, du vergisst, wir hatten Weihnachten ..."

Sabine geht mit ihrer Großmutter zum ersten Mal in die Kirche. Die Oma zeigt ihr den Altar, den Beichtstuhl, Jesus Christus am Kreuz, die Heilige Jungfrau Maria und die vielen Heiligenbilder. Sabine ist tief beeindruckt. Anschließend kniet sich die Oma in einer Bank nieder, um zu beten. Wie gebannt starrt Sabine auf das glühende Rot des ewigen Lichtes. Doch schnell wird sie ungeduldig und zupft die Oma am Ärmel: „Sag mal, wann schaltet denn die Ampel da endlich auf Grün?"

Irrtum eines Priesters vor einer reich besetzten Tafel: „Unser heutiges Brot gib uns täglich."

Abendgebet eines Lausebengels: „Lieber Gott, bitte mache aus mir einen braven Jungen. Mache, dass ich meine Lehrer nicht mehr ärgere, mache, dass ich meine Schwester nicht mehr verhaue und mache, dass ich bessere Noten schreibe. Mami und Papi schaffen das nicht alleine!"

Bekenntnis eines Prälaten kurz vor der Reformation: „Das Gelübde der Armut hat mir hunderttausend Gulden Einkommen und das Gelübde des Gehorsams ein Fürstentum verschafft."

„Ich möchte ein Buch als Geschenk für einen Kranken", sagt die Kundin in der Buchhandlung.

„Soll es etwas Religiöses sein oder ist er schon auf dem Weg der Besserung?"

Im Zug von München nach Garmisch trifft Hochwürden auf einen im ganzen Umkreis bekannten Trunkenbold und Querulanten. Der macht es sich ausgerechnet ihm gegenüber bequem und fragt: „Sagen Sie mal, Herr Pfarrer, was ist eigentlich Ischias?"
Der Geistliche schmunzelt innerlich und will die günstige Gelegenheit dazu benützen, dem Lästermaul so richtig eins heimzuzahlen. Deshalb sagt er: „Ja, des kriegt man, wenn man immer so gotteslästerlich flucht, recht viel säuft und ständig zu fremden Weibern geht. Das ist auf jeden Fall eine ganz fürchterliche Krankheit, die man Zeit seines Lebens nicht mehr loswird und die immer noch schlimmer und schlimmer wird!"
Da lächelt der Trunkenbold überlegen und meint: „Au, au, der arme Kerl! Ich hab' nämlich grad gestern in der Zeitung gelesen, dass unser Herr Bischof so arg den Ischias hat!"

Der Erzbischof ist schwer erkrankt und liegt darnieder. Seine Haushälterin lässt nach dem Arzt rufen. Der Doktor untersucht den Ehrwürdigen sorgfältig und sagt: „Der Puls ist in Ordnung, und das Herz arbeitet auch zufrieden stellend, Eure Eminenz."
Darauf der Erzbischof: „Das ist gut. Dann werde ich wohl bei bester Gesundheit sterben."

Der Religionslehrer fragt: „Wo ist das Himmelreich, Kinder?"
„In Erlangen", antwortet einer.
„Wie kommst du denn darauf?"
„In der Bibel steht doch: Suchet das Reich Gottes zu erlangen
…"

„Sakrament, Sakrament no amoi!", schimpft der Sepp, der
sich auf den Daumen gehauen hat.
Der Pfarrer, der gerade des Weges kommt, fragt: „Welches
Sakrament meinst du denn?"

Ein Ehepaar sucht den Rabbi auf, um sich scheiden zu lassen.
Der Rabbi fragt die Frau: „Willst du dich von deinem Mann
scheiden lassen?"
„Ja Rabbi."
„Und du, Mann, willst du dich von deiner Frau scheiden las-
sen?"
„Ja, Rabbi."
Da sagt der Rabbi zu den beiden: „Wenn dem so ist, seid ihr
euch ja einig, lebt also weiterhin in Frieden und Eintracht!"

Ein Nerz klopft an die Himmelstür. Petrus öffnet und sagt:
„Weil man dir auf Erden nachgestellt hat, hast du einen
Wunsch frei."
Der Ankömmling darauf: „Bitte, ein Mäntelchen aus reichen
Frauen …"

Ein Theologiestudent legt seine Prüfung ab. Er ist sehr aufgeregt, und er fürchtet, dass er mit seinem mageren Wissen nicht durch die Prüfung kommt. Die Professoren fragen und fragen, aber die richtigen Antworten wollen nicht kommen. Endlich will ihm ein Professor eine Schlussfrage stellen, die er aber bestimmt beantworten müsste:

„Nennen sie uns doch einmal ein Gleichnis, junger Mann!"
Keine Antwort.

Der Professor milde: „Ein Stichwort gebe ich Ihnen. Jungfrauen!"

Da erhellt sich das Gesicht des Prüflings: „Ja! Danke! Genau! Das Gleichnis von den sieben mageren und sieben fetten Jungfrauen ..."

Ein Rabbi berichtet die wahrsten Wunder vom Leben eines Oberrabbis. „Auf seiner letzten Reise", erzählt er, „wurde er an einem Hotel, wo er um ein Zimmer bat, grob abgewiesen. Daraufhin sagte er zum Wirt: ‚Heute Nacht noch wird dein Haus zusammenstürzen und alles unter sich begraben. Dich, deine Frau und Kinder und all dein Hab und Gut!' Da erzitterte der Hotelier natürlich und stellte sogar sein eigenes Schlafzimmer zur Verfügung."

„Und dann?", fragen die Zuhörer.

„Ja, was soll ich Euch sagen?", fährt der Erzähler fort. „Das Haus steht heute noch. Ich habe es mit eigenen Augen gesehen."

Müller wird bei einem schweren Verkehrsunfall ziemlich verletzt. Die Versicherung bietet fünfzehntausend Euro. Müller will aber fünfzigtausend Euro herausholen. So viel aber gibt es nur bei totaler Lähmung.
Also legt sich Müller ins Bett und markiert.
„Bist du verrückt?", fragt ihn sein bester Freund. „Das ganze Leben liegen bleiben für fünfzig Mille?"
Der Verletzte lächelt überlegen: „Nun, wofür haben wir Lourdes?"

Stefan, der Stotterer, kehrt von einer ausgedehnten Italienreise zurück nach Hause. Daheim fragt ihn sein Freund, was er denn so alles erlebt habe und wo er gewesen sei.
„I-I-ich wa-ar i-i-n R … Rom", antwortet Stefan.
„Na, was hast du denn da gemacht?", will der Kumpel wissen.
„Ah, i-i-i h-h-hab mi-mich b-b-b-b-bei R-r-radio Vati-Vatikan bew-beworben!"
„Und, haben Sie dich vielleicht genommen?"
„N-n-n-nein, I-i-ich bin d-d-doch evang-g-gelisch!"

Wir schreiben das Jahr 2025. Gott missfällt schon lange das Treiben auf der Erde. Nun hat er genug und bestellt den US-Präsidenten, den russischen Staatspräsidenten sowie den deutschen Bundeskanzler in den Himmel.
„Mit euch habe ich die Geduld endgültig verloren", eröffnet er, „ich lasse deshalb die Welt im kommenden Jahr untergehen."
Die drei Staatschefs werden zur Erde zurückgeschickt.

Der Amerikaner beruft sofort den Kongress ein: „Ich habe eine gute und eine schlechte Nachricht. Die gute: Gott lebt. Die schlechte: Die Welt geht nächstes Jahr leider unter."

Der Russe spricht zur Duma: „Ich bringe euch zwei schlechte Nachrichten mit. Erstens existiert Gott wirklich und zweitens geht bald die Welt unter."

Und der Deutsche? Er tritt vor die Fernsehkameras: „Liebe Bürgerinnen und Bürger, ich habe zwei gute Nachrichten für Sie. Die erste: Den lieben Gott gibt es tatsächlich, ich war gerade bei ihm. Die zweite: Ich werde bis zum Weltuntergang regieren."

Wer waren die ersten Gewerkschafter in der Menschheitsgeschichte? Die Heiligen Drei Könige: Sie sahen ein Licht, legten die Arbeit nieder und setzten sich an die Krippe.

KAPITEL 10:
VOM ANFANG UND ENDE

Adam und Eva, die beiden einzigen Menschen im Paradies, gehen spazieren.
Eva: „Adam, liebst du mich?"
Adam mürrisch: „Wen denn sonst?"

Franziska Huber hat ihren Ehemann einäschern lassen, nachdem er verstorben ist. „Warum hast du ihn denn nicht begraben lassen?", will die neugierige Nachbarin wissen.
„Ach weißt du", antwortet die Witwe, „Paul war sein ganzes Leben lang ein unglaublich fauler Hund. Jetzt ist er in der Eieruhr und muss arbeiten – so oft ich will!"

Die kleine Lisa geht mit ihrer Mutter über den Friedhof und besucht das Grab der Großmutter. Danach lässt sie sich die Inschriften auf den verschiedenen Grabsteinen vorlesen: „Hier ruht unsere herzensgute ..., unser guter ..., unsere guten ..."
Lisa betrachtet die Mutter zweifelnd und fragt: „Sag mal, Mama, wo werden eigentlich die bösen Menschen begraben?"

Zwei Bestattungsunternehmer treffen sich am Stammtisch. Sagt der eine zum anderen: „In dieser Woche habe ich schon drei verschiedene Arten der Bestattung gehabt!"

„Wie", fragt der Kollege interessiert, „drei?"
„Ja, vier Erdbestattungen, das normale halt, zwei Feuerbestat-
tungen und einmal Kompostieren …"
„Was? Wie geht das denn?"
„Na ja, auch die Grünen kommen in die Jahre!"

Ein Kapuzinermönch wird auf den Tod krank und legt sich
auf seine Ruhestatt.
Er betet: „Herr, ich bin nicht würdig zu sterben."

Der Pfarrer trifft eine ältere Frau beim Kirchenfest der Gemeinde. „Na, wie geht's Ihrem Gatten?" Da fällt ihm siedend-
heiß ein, dass deren Mann vor einem halben Jahr verstorben
ist. Um die Situation zu retten, fragt er: „Immer noch Reihe
14, rechts?"

„Was muss der Mensch tun, um in den Himmel zu gelangen?", fragt der Religionslehrer in der Schule.
„Sterben muss man, Herr Lehrer."

Die Schwiegermutter vom Trappichler-Bauern im tiefsten
bayerischen Hinterland ist gestorben. Der Sepp kriegt den
Auftrag von seiner trauernden Frau, beim Schreiner einen
Sarg zu besorgen. Mürrisch macht er sich auf den Weg und
stapft schweren Schrittes in die Werkstatt des Schreiners. Der
bekommt, als er die Nachricht vom Ableben der Schwieger-

mutter hört, leuchtende Augen und bringt das Glanzstück der Sargproduktion daher: ein schwerer und sorgfältig polierter Eichensarg, summa summarum 4200 Euro. Als der Trappichler den Preis hört, schluckt und schluckt er und meint: „Geht's net a bisserl billiger?"

Da zeigt ihm der Schreiner weitere Exemplare aus Ahorn-, Tannen-, Kiefer- und Fichtenholz. Immer tiefer fallen die Preise. Als sie schließlich bei einem Bretterverschlag für 150 Euro angelangt sind und der Trappichler immer noch zögert, wird der Schreiner unwirsch: „Weißt was? Jetzt bringst deine Schwiegermutter her, und nachher schraub ich ihr ein paar Griffe hin!"

Ein Pfarrer sitzt beim Morgenkaffee und blättert durch die Lokalzeitung. Plötzlich fährt ihm der Schreck in alle Glieder: Da steht seine eigene Todesanzeige! Sofort läuft er zum Telefon und ruft den Bischof an, um die Sache richtigzustellen. Er versucht es mit Ironie: „Herr Bischof, richtig ist, dass ich am Telefon bin. Falsch ist, dass ich tot bin."

Der Bischof stutzt und antwortet: „Ich habe das auch schon gelesen. Aber sagen Sie einmal, woher rufen Sie an?"

Der Totengräber erhält einen Auftrag:

„Übermorgen wird Herr Minister a. D. Prof. Dr. jur. Dr. oec. Dr. rer. pol. Dr. h. c. Rudolf Kayser von Schundberg und Kehlheim, Träger des Großen Bundesverdienstkreuzes mit Schulterband und Stern sowie Komtur des Päpstlichen Ordens vom

heiligen Gregorius und Ritter des Eisernen Kreuzes Erster Klasse zu Grabe getragen. Schaufeln Sie das Grab!"
Darauf der Totengräber: „Jawohl. Doppelt so breit?"

„War Ihre Schwiegermutter eigentlich geistig noch voll da, als sie ihr Testament verfasst hat?", will der Pfarrer beim Trauergespräch wissen.
„Das werden wir sehen, wenn es eröffnet wird", antwortet der Schwiegersohn.

Ein Hypochonder ist immer sehr besorgt um seine Gesundheit und wähnt sich stets sterbenskrank. Über viele Jahre praktiziert er jeden Sonntag ein Ritual: Er kniet sich nieder, faltet die Hände und betet: „Lieber Gott, wie lange habe ich noch zu leben?" Nie bekommt er eine Antwort. Doch plötzlich sagt da eine Stimme: „Zehn, neun, acht, sieben, sechs …"

Friedrich II. war unter anderem für seine Marginalien in den verschiedensten Dokumenten berühmt. Eines Tages erhielt er eine Eingabe, worin verlangt wurde, dass er einen Geistlichen aus seinem Amt entfernen solle. Dieser sei ganz und gar nicht geeignet, seine Mitmenschen vom rechten Glauben zu überzeugen, da er selbst nicht an den Jüngsten Tag und die Auferstehung glaube.
Daraufhin setzte Friedrich II. eine Marginalie folgenden Inhalts: „Ist Seyne Sache! Wenn Er nicht auferstehen will, so soll Er doch Meynetwegen am Jüngsten Tage liegen bleiben!"

Ein Arzt und ein Pfarrer schließen einen Pakt. Sagt der Arzt zum Pfarrer: „Ich möchte, dass Sie mich davor bewahren, in die Hölle zu kommen."

Sagt der Pfarrer: „Ich tue mein Bestes, mein Sohn. Im Gegenzug möchte ich, dass Sie mich davor bewahren, zu schnell in den Himmel zu kommen."

Der Religionslehrer wiederholt die Lehre von den letzten Dingen.

„Wer kommt in die Hölle?"

Max antwortet: „In die Hölle kommen Menschen, die von Gott nichts wissen wollen."

„Und wer kommt ins Fegefeuer?"

Max: „Ins Fegefeuer kommen die besseren Leute."

Ein Mann trifft auf einen Philosophen und fragt ihn im Verlauf des Gesprächs auch nach dem Unterschied zwischen Himmel und Hölle. Der Philosoph antwortet: „In der Hölle gibt es hervorragende Speisen, alles, was das Herz begehrt. Nur – das Besteck ist mehr als einen Meter lang, so dass niemand damit essen kann."

„Und im Himmel?", will der Mann wissen.

„Auch da gibt es die allerbesten Leckerbissen. Und auch das Besteck ist ebenso lang."

„Worin besteht denn dann der Unterschied?"

„In der Hölle denkt jeder nur an sich – und muss hungern. Im Himmel füttert man sich gegenseitig. Das ist der Unterschied."

Der Teufel besucht Petrus und schlägt ihm vor, ein Fußball-match zwischen dem Himmel und der Hölle zu veranstalten. Petrus hat dafür nur ein Lächeln übrig: „Glaubt Ihr, dass ihr auch nur die geringste Chance habt? Sämtliche guten Fuß-ballspieler sind hier bei uns – Libuda, George Best, Eusebio, Fritz Walter …"
Darauf der Teufel: „Aber wir haben alle Schiedsrichter!"

Die Grenze zwischen Himmel und Hölle ist von Unbekann-ten beschädigt worden. Darauf sendet der Teufel die folgende E-Mail an die Engel: „Unsere Rechtsanwälte, die advocati diaboli, meinen, dass der Himmel für die Reparatur verant-wortlich ist."
Die Engel antworten: „Muss wohl so sein. Wir können hier oben keinen einzigen Rechtsanwalt finden."

Ein Mann träumte, er sei gestorben. Das einzige Bild, das sich immer wieder in seinem Kopf einprägte, war der Eindruck der ungeheuren Tiefe, in der er sich äußerst behaglich fühlte. Er ruhte eine Weile. Dann rief er: „Ist hier jemand?"
Sogleich erschien ein vornehm gekleideter Diener und fragte: „Womit kann ich dienen? Was wünschen der Herr?"
„Was kann ich bekommen?"
„Alles, was Sie wollen."
„Nun, dann bringen Sie mir etwas Gutes und Schmackhaftes zu essen."
Der Diener neigte den Kopf und fragte weiter: „Was möchten Sie essen? Sie können alles bekommen, was Sie wollen."

Der Mann bestellte und bekam genau das, was er wollte. Er aß, dann schlief er wieder. Schließlich aß er erneut und schlief. Er genoss die herrliche Zeit und bat um Spiele, weil ihm ein wenig langweilig wurde. Und, natürlich, bekam er auch Spiele. Und immer wieder erhielt er alles, worum er bat. Schließlich wurde es ihm aber doch langweilig, und er rief den Diener herbei und sagte: „Ich möchte etwas tun."

„Bedaure, aber das ist das Einzige, was wir Ihnen hier nicht geben können."

Der Mann sagte: „Das erzürnt mich! Ich habe dieses langweilige Leben satt. Lieber möchte ich in der Hölle sein!"

Da rief der Diener: „Was dachten Sie denn, wo Sie wären?"

Wer waren die ersten Kommunisten? Adam und Eva. Sie hatten keine Kleidung und nur einen Apfel zu essen. Trotzdem behaupteten sie, es sei das Paradies.

Ein Friese wollte dem herbstlichen Nebelgrau seiner norddeutschen Heimat entkommen und buchte ein paar Tage Urlaub auf den Kanaren. Seine Frau war noch dienstlich verhindert und plante, am nächsten Tag nachzureisen. In seinem Hotel angekommen, sandte der Mann seiner Frau eine kurze E-Mail. Dabei vergaß er aber einen Buchstaben, so dass seine Nachricht stattdessen an eine ältere Pastorenfrau geschickt wurde, deren Ehemann gerade am Tag zuvor gestorben war.

Als die trauernde Witwe ihre E-Mails aufrief und las, schrie sie laut auf und sank bewusstlos zu Boden. Denn da stand Folgendes: „Meine Liebste! Ich habe gerade eingecheckt. Alles

ist für deine Ankunft morgen vorbereitet. Dein Dich liebender
Ehemann.
P.S. Es ist ziemlich heiß hier ...“

Am Himmelstor steht ein 40-jähriger Handwerksmeister:
„Warum hast du mich schon so jung abberufen?“, fragt er Petrus vorwurfsvoll.
Der schaut lange in seinem Buch nach. Dann sagt er achselzuckend: „Ich habe dein Alter verwechselt mit den Stunden, die
du deiner Kundschaft verrechnet hast. Danach bist du nämlich
schon 102.“

Ein sehr guter Mann stirbt und kommt, als Belohnung für
sein gutes Leben, in den Himmel. Petrus empfängt ihn am
Himmelstor. „Willkommen“, sagt Petrus, „da du ein so gutes
Leben geführt hast, darfst du in den Himmel eintreten.“
„Oh, vielen Dank“, sagt der Mann. „Aber bevor ich hineinkomme, könntest du mir sagen, was für andere Leute sich im
Himmel aufhalten?“
„Selbstverständlich, alle Arten von Menschen“, antwortet Petrus.
„Gibt es auch verurteilte Verbrecher im Himmel?“, fragt der
Mann.
„Ja, einige“, antwortet Petrus.
„Gibt es Kommunisten im Himmel?“, will der Mann wissen.
„Ja, auch Kommunisten“, erwidert Petrus.
„Gibt es Schergen im Himmel?“, fragt der Mann.

„Ja, ein paar ganz wenige, die ihre Verirrung aufgegeben haben",
antwortet Petrus.
„Und gibt es auch Anwälte im Himmel?", fragt der Mann
weiter.
Petrus erwidert: „Was! Denkst du, wir wollen das Paradies für
all die andern ruinieren?"

Ein Mann klopft an die Himmelstür. „Tut mir leid", sagt Petrus
zu ihm, „aber du musst schon eine gute Tat vorweisen, sonst
kann ich dich hier leider nicht reinlassen."
Nach kurzem Überlegen sagt der Mann: „Ich habe beobachtet, wie eine Gruppe Rocker einer alten Frau die Handtasche
wegnehmen wollte. Da bin ich hingegangen und hab denen
mal richtig die Meinung gesagt."
„Und wann war das?"
„Vor etwa drei Minuten."

Die Dirigenten Karajan, Furtwängler und Böhm sitzen auf
einer Wolke und langweilen sich.
„Tja, meine Herren", meint Furtwängler, „eins ist doch wohl
klar – der beste Dirigent bin ich!"
„Moment!", kontert Böhm. „Einen Augenblick! Gestern ist
mir Gott im Traum erschienen, der hat auf mich gedeutet und
gerufen: Du bist der beste Dirigent aller Zeiten!"
Darauf Herbert von Karajan: „Bitte, was soll ich gesagt haben???"

Ein Bratschenspieler begehrt an der Himmelspforte Einlass. Vor ihm wird ein Pfarrer von Petrus abgewiesen, der Bratscher wird aber eingelassen. Natürlich beschwert sich der Pfarrer, worauf Petrus erwidert: „Wenn du gepredigt hast, hat die Gemeinde geschlafen, wenn der Bratscher ein Solo hatte, hat das ganze Orchester gebetet!"

Steve Jobs stirbt und klopft an die Himmelspforte. Petrus kratzt sich grübelnd am Kopf: „Also Steve, ich weiß wirklich nicht recht, was ich mit dir anfangen soll. Mit Deinen Computern hast du zwar unzählige Menschen glücklich gemacht. Aber du hast auch miserable Programme auf den Markt und damit auch viel Ärger über die Leute gebracht. Ach, am besten du suchst dir selbst aus, wo du hinwillst."
Jobs besucht also zuerst den Himmel. Blasse Engel treiben auf Schäfchenwolken daher und spielen Harfe. Danach macht er eine Stippvisite in der Hölle. Hier kredenzen ihm die schönsten Frauen erlesene Speisen und lächeln ihn viel versprechend an. Dem Apple-Begründer fällt die Wahl nicht schwer: Er will in die Hölle!
Petrus hebt die Augenbrauen, runzelt die Stirne, sagt aber nichts. Zwei Wochen später schaut er in der Hölle vorbei. Dort wird der prominente Mann von ein paar fiesen Teufeln nach allen Regeln der Kunst gepiesakt. Als Jobs Petrus entdeckt, schreit er in höchster Not: „Das ist Betrug! Hier geht es ja ganz anders zu als am Anfang!"
Petrus: „Kein Zweifel, mein Sohn. Das am Anfang war allerdings auch nur eine Demo-Version …"

Ein Pärchen verunglückt leider tödlich auf dem Weg zur kirchlichen Trauung. Vor dem Himmelstor klingeln sie nach Petrus und während sie warten, beschließen sie, ihre momentane rechtliche Situation von einem Rechtsanwalt überprüfen zu lassen. Sie erklären Petrus ihre Situation und der verspricht, sich nach einem Anwalt im Himmel umzusehen.

Während der langen Wartezeit vor dem Himmelstor schwört sich das Pärchen erneut seine Liebe und will nun ungeachtet der rechtlichen Situation unbedingt heiraten.

Als die beiden Petrus von ihrem Entschluss unterrichten, entgegnet der erbost: „Muss das sein?? Jetzt habe ich stundenlang gesucht, um hier einen Anwalt aufzutreiben. Wie lange, glaubt ihr denn, dass ich hier oben nach einem Pfarrer suchen muss!!!!"

Ein Mann kommt nach seinem Tod in den Himmel. Doch am zweiten Tag kommt plötzlich ein Teufel vorbei und peitscht ihn aus.

Ruft der Mann: „Heee, das kannst du doch nicht machen, ich bin hier doch im Himmel!"

Darauf der Teufel: „Du bist nicht mehr auf dem Laufenden! Wir haben jetzt das integrierte Gesamtjenseits."

Iss und trink und sei zufrieden!

Lukas, Kap. 12, Vers 19

Ebenfalls im Programm des Regionalia Verlages

ISBN 978-3-95540-223-5

ISBN 978-3-95540-121-4

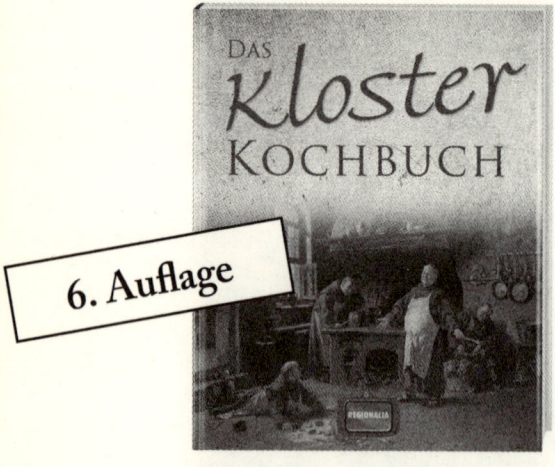

ISBN 978-3-939722-30-4

ISBN 978-3-939722-41-0

Jeweils 128 Seiten, Hardcover, € 4,95